JN076361

夫婦の不満を解毒する

カップル デトックス

夫婦の幸せはこれで取り戻せます

【著者】
鈴木あけみ
カップルデトックス・カウンセラー

はじめに

カップルデトックスと聞いて、何の意味だろうと思われた方もいるでしょう。

カップルデトックスとは、夫婦関係がある程度の危機を迎えた時、お互いまたはどちらか一方の不満が溜まった状態を、私は結婚生活ではなく、それを『**毒婚生活**』と呼んでいます。

その**毒婚生活をデトックスする方法が「カップルデトックス」**です。

この言葉は、この本の出版プロデューサー・おかのきんやさんが命名してくださいました。

いわゆる「夫婦関係修復」のことです。

夫婦修復にぴったりの素晴らしい命名だと、とても感激しています。

私がカップルデトックスを始めたのは約18年前で、当時、熟年離婚や年金分割制度導入が注目されていた時期でした。

年金を確保して離婚し、第二の人生をスタートしようとする中年層の生き方に、注目が集まりました。

それ以来、多くの「離婚問題を解決」「浮気や不倫を救済する」「○ケ月で愛される妻になる」など、夫婦に関するカウンセラーが山のように誕生しました。

そのためか、厚生労働省発表の離婚件数の年次推移によると、平成14年がピークで、その後は離婚が少しずつ減少する傾向にあります。

とても素晴らしいことです。

しかし、私のところに寄せられる声を確認している限り、「**毒婚生活相談**」は、減少していません。

そのため私は、日々カップルデトックスに向き合っています。

特にご夫婦2人揃ってのカップルデトックスは、ものすごく有効で、効果が出ると実感しています。

ご夫婦揃ってのカップルデトックスは、私を含めて3人で、**夫婦間に起きている問題に対しての解決策を見つけるカウンセリング**です。

臨床心理カウンセラーではありませんので、心理に働きかけるカウンセリングではありません。

また、調停式で一人ずつ個別に言い分を聞いて、内容を代弁するというやり方でもありません。

メールで行うセミナーの様に、まず時間を掛けてご本人が学習してから、自分が修復行動を探すというまどろっこしい方法でもありません。

1回で好転するカップルデトックスは、以下のような流れで行います。

（1）お二人のお気持ち・言い分・ご要望をしっかり聞く
（2）そして、内容が事実かどうかの確認をする
（3）ズバリ！　問題点・改善点を指摘する
（4）そして解決の糸口を具体的に提案する
（5）双方納得の上、改善事項を守って頂くように約束して頂く

ほとんどの方が好転します。

ご夫婦揃ってのカップルデトックスを受けられた方で、**離婚に向かった方はいません。**

どちらか一方のカップルデトックスでも、その後の結末をご報告頂くと、以下のように嬉しいお言葉を頂きます。

「離婚したいと、言われなくなりました」

「2人で仲良く出かけられるようになりました」

「笑顔で会話ができるようになってました」

世の中には夫婦の問題で悩んでいて、解決方法を探している方がどれだけ多いか、想像できます。

ほとんどのご相談は、ちょっとした気持ちの持ち方や言動を変えれば、危機から脱出できる問題ばかりです。

この本には、夫婦危機から脱出し、まさにカップルデトックスに成功した方の事例や、そのために必要な基礎知識をたくさん載せました。

特別難しいことはありません。**どなたにも応用できること**です。

夫婦の危機から脱出したい方は、この本の内容を参考にしていただければ幸いです。

必ず脱出できます。今よりもさらに幸福な方向に進みます。

信じてやってみてください。

《目次》

第3章　カップルデトックスの基礎知識

第4章　カップルデトックスによる　毒婚生活解決事例

パート【1】夫婦2人揃ってのカップルデトックス相談

第1章

鈴木あけみの
カップルデトックス・コンセプト

カップルデトックスに取り組む、私の姿勢をお伝えします。

離婚の危機に陥っている夫婦を、また幸せな夫婦生活が送れるようにサポートさせて頂く、修復に特化した丁寧なカウンセリングをコンセプトにしております。

時には厳しいアドバイスをさせて頂くこともありますが、本気で夫婦修復したい方をとことん応援致します。

コンセプト 1
夫婦2人揃ってのカップルデトックス・コンセプト

私が行っているご夫婦一緒のカップルデトックスは、すでに400件以上の実績があります。

奥様・ご主人、どちらかおひとりの対面でのカップルデトックスでは、すでに約1000件の実績です。

対面でのカウンセリングは、より的確なアドバイスをすることが出来ます。

お電話では分かりにくい感情や感性、表情や雰囲気を確認させていただくことは、カップルデトックスを行う上では、とっても重要なステップです。

ご夫婦揃ってのカップルデトックスは、言うまでもなくカウンセラーである私と３人で、**夫婦間に起きている問題に対しての解決策を見つけるカウンセリング**です。

臨床心理カウンセラーではありませんので、心理に働きかけるカウンセリングではありません。

また調停式で、一人ずつ個別に言い分を聞いて内容を代弁する、というやり方でもありません。

メールセミナーのように時間をかけてご本人が学習してから、自分が修復行動を探すという、まどろっこしい方法でもありません。

1回で好転するカップルデトックスは、以下のような流れで終了します。

◆お二人のお気持ち・言い分・ご要望のヒアリング
◆内容が事実かどうかの確認
◆ズバリ！　問題点・改善点を指摘
◆解決の糸口を具体的に提案
◆双方納得の上、改善事項を守っていただくように約束

ほとんどのカップルが好転します。

今まで気づかなかったことをズバリと言われ、反省や後悔の言葉を頂きます。
そして、気持ちの持ち方や自分の欠点・するべきこと・生活の改善点などが分かり、それが腑に落ちるようです。

「相手の見方が変わった」

「気持ち新たに生活できます」

「自分が恥ずかしくなった」

「自分の足りないところが分かった」


というような感想を、その場でいただきます。


その後、約束が守られなかったり、何か問題が起きた場合には、カウンセラーである私が介入して調整することを約束します。

しかし、そのようなことを要求されたことはありません。

ご夫婦揃ってのカップルデトックスを受けられた方で、離婚に向かった方はいません。

カップルデトックスはとても有効です。

ぜひ、ご利用ください。

コンセプト2

女性のためのカップルデトックス・コンセプト

何も原因が無いのに、一方的に夫が「離婚したい」などと言うことはありません。

詳しく内容を伺ってみると、ほとんどのケースが、努力や工夫次第で修復可能なケースばかりです。

それに気づいて欲しくて、ご相談者様の耳の痛いことでも、はっきりと言うことがあります。

しばらくして「お陰様で修復できました」「夫が戻って来ました」「夫が優しくなりました」と、沢山のご報告を頂き、自分のアドバイスが間違っていなかったことを確信します。

離婚したいと言われる妻のほとんどが、「**プチモンスター妻**」だと言えます。

●「プチモンスター妻」とは

もし他人にやっていたら、逮捕されるようなことをしてしまうのが「**モンスター妻**」です。それに対して「**プチモンスター妻**」は、**家庭の中で夫を苦しめる悪態をつく妻**のことです。

以下の中で３つ以上当てはまっていたら、貴女は「プチモンスター妻」だと言えるでしょう。要注意です。

◆偉そうな上から目線の物言い
◆夫を否定、素直に従わない
◆子ども優先で、夫のことは後回し
◆暴言を吐く
◆我儘し放題
◆夫の行動を管理・監視する
◆お金の使い方が荒い、浪費が多い

◆家事がいい加減、仕事もしない
◆常に不機嫌で、暗い顔をしている
◆自分の実家ばかりを大切にする
◆夫に感謝や労いの気持ち、言葉がない
◆文句・不満・愚痴が多い
◆夫の話を聞こうとしない
◆セックス拒否
◆話をする時はお金の要求だけ

離婚したくないのであれば、まずは「自己反省・自己改善をして、ご主人を笑顔や幸せにしてあげましょう」と、私は伝えます。

自分の悪かった点を改善し、もう一度「**ご主人に愛され、必要とされる妻**」になる努力をしていただきたいのです。

●シングルマザーにならないで

シングルマザーは、過酷だと認識しています。

何もかも一人でこなさなければならないので、ハードな生活が続きますし、将来への不安を感じたりなどで、体調を崩してしまう方も少なくありません。

また、子どもには父親が必要です。寂しい思いをする最大の犠牲者は、子どもです。

私は、絶対にシングルマザーにはなって欲しくないと、考えています。

特に子どもがいる方には、離婚を回避するために、厳しくアドバイスさせていただいてます。

修復を成功させる、つまり夫婦関係を仲良く保つコツは、努力なくしてあり得ません。

これは、過去の事例や自身の経験で学んだことです。

◆妻という座にあぐらをかいていませんか？
◆夫の愛情や優しさは、永遠だと思っていませんか？
◆夫に感謝をしてないのではありませんか？
◆夫をちゃんと立ててあげていますか？

耳が痛い方は、その反動……しっぺ返しが来ています。

日々の生活の中で、夫の言動や表情から気持ちを察し、気遣いや感謝の気持ちを持つことや、優しく素直で謙虚な気持ちを持つことを忘れてはいけません。

そして、それは決して特別なことではないのです。
当たり前の安定した生活の積み重ねこそが、重要なのです。

夫婦修復というものは、何か一つ実行したら、すぐ事態が変わるというものではありません。魔法の方法も残念ながらありませんが、「**当たり前のことに気づき、**

安定した生活を取り戻す」ことが、鈴木流カップルデトックスの方法なのです。

一緒に努力してみませんか？
あなたもきっとうまくいきます。
ただ、何が何でも離婚がダメ、ということではありません。
以下のような特殊なケースでは、むしろ修復ではなく離婚をお勧めします。

◆ＤＶ（ドメスティックバイオレンス）
◆本物のモラハラ・パワハラ
◆働かない
◆高額な借金癖
◆ギャンブル狂
◆酒乱
◆犯罪を犯した
◆極度ないじわる

そして、カップルデトックスが難しいのは、以下のようなケースです。

◆双方が弁護士さんに委任している
◆別居が、2年以上または結婚年数の半分以上
◆犯罪に近いモンスター行為
◆親や親族を巻き込み大事になっている

右記以外でも、深刻な問題を抱えているケースは、カップルデトックスが難しいという場合がございますので、あらかじめご了承ください。

浮気相談のカップルデトックス・コンセプト

この世に男女がいる限り「**浮気**」は後を絶ちません。

結婚したカップルが永遠に愛し合い、労り合い、仲睦まじく一生を過ごせたら、どんなに幸せでしょう。

しかし、現実はそううまくいきません。

しかも、現代では携帯電話やＳＮＳなどコミュニケーションツールの普及に伴い、相手との連絡が簡単に取れるようになりました。

自由に、好きなだけ、好きな時に、好きな人と、気持ちや状況を確認し合うことが出来るようになり、浮気しやすい環境が整い過ぎていると言えます。

そして、ストレス社会でもあります。

「仕事のストレスを家庭で解消しよう」と思って家に帰っても、妻もまたストレスをいっぱい抱えていて、夫の気持ちに配慮することが出来ません……。

そんな毎日の繰り返しで、夫はストレスで空いた心の隙間を埋めるために、職場の優しい異性の同僚と簡単に浮気をしてしまいます。

やがて、浮気が本気になってしまうと「離婚したい」と言い出すのです。

そうなってから初めて、妻は夫の存在に気づくという悪循環です。

●すべての男性に浮気願望がある！

まずお伝えしたいのが、**すべての男性に浮気願望がある**ということです。

驚かれるかもしれませんが、これは仕方がないことなのです。

女性からすればとても理解しがたいことですが、男性は生理学的に言って、浮気行動をするようにできています。

とはいえ、すべての男性が浮気する訳ではありません。

一度も浮気したことがない男性もいます。

結婚している男性が、**浮気をするかしないかの分かれ道は、間違いなく妻との関係性**にあります。

妻との信頼関係や絆がある、または大事にされていると感じている夫は「妻を裏切りたくない」「泣かせたくない」という思いから、浮気にブレーキがかかります。

もし、夫が浮気しているかもと心配なら、一度ご自分の言動を振り返ってみましょう。

◆甘えるのが下手・可愛げがない
◆容姿に気を遣わない
◆生活全般だらしがない
◆夫を大切にしない
◆夫に無関心
◆セックス拒否

など、心当たりがある方は、夫は家庭で満たされない思いを解消するために、外で安らぎを見つけようとしている可能性があります。そしてさらに、浮気へと発展している可能性があります。

浮気されたくない、浮気を止めて欲しいと思っている方は、今すぐかわいげのある素敵な妻へと自己改善してください。

夫の浮気は「俺を大切にしてくれ、寂しいよ」という「**妻への悲鳴**」なのです。

そのことを理解しましょう。

●浮気の問い詰めはNG

浮気夫と離婚したくないなら、「浮気の問い詰め」は絶対にしてはいけません。開き直られて「お前とはもう一緒にいたくない」「俺を解放してくれ」「もう愛情がないので無理」などと言われて、離婚を迫られてしまいます。出会った頃や恋愛時代なら、謝って「やり直そう」と言ってくれたかも知れませんが、「**妻への悲鳴**」を上げている夫はそういきません。

浮気相手で一番多いのは「同じ職場の同僚」です。

相手のことをそれなりに分かっていて、連絡も取りやすいので浮気に発展しやすいのです。


昨今で多いのが、ＳＮＳやネットゲームで知り合った相手との浮気です。

「元彼女」や「子どもの習い事で知り合ったシングルマザー」、「キャバクラ嬢」や「飲んでいるお店で」というのもあります。

珍しいのは、「災害ボランティアの活動先で出会った人」や、「風俗嬢」というケースもあります。

相手の女性も、「安定した生活を求めて、真面目な男性との真剣な男女関係を求める人」、また「軽い気持ちでのお付き合い」とさまざまです。


そんな状況に振り回されずに、**妻としての自信を持ち、やるべきことをやり、お互いに気持ちよく快適な生活を積み重ねること**をお勧めします。

浮気夫に対して、有効な対策を考えます！

一部には、妻の努力ではどうにもならない「浮気夫」もいます。

それは、「**もともとが女性好きな男性**」や、「**セックス好きな男性**」です。

そのような方は、常に女性を探し、求め、簡単に浮気してしまいます。

結婚前に二股された、浮気相手が自分だった、というようなケースは決して珍しくありません。

そのような浮気夫は、罪悪感のかけらもない方が多いです。

悲しいですが、浮気を覚悟のうえで夫婦としてやっていくしかありません。


浮気にもいろいろなパターンがあります。

それを正しく見極めて、有効な対応をすることが大事なことです。


一人で悩んでいても、周りの方に相談しても、良い結果は出ません。

どうぞ、カップルデトックスの経験豊富な、私にご相談いただければと思います。

コンセプト
4

男性のためのカップルデトックス・コンセプト

妻が「夫と離婚したくなる理由」の多くは、以下のように分かれます。

◆夫が怖い（パワハラ・モラハラな夫）

◆夫が頼りなくイライラする（へなちょこな夫）

まずは夫側がどちらのタイプなのかを、確認する必要があります。

◆男らしいと思い込んでいる

◆自分だけの夢や目標がある

◆声は大きい方

◆体を鍛えている

◆弁が立つ
◆妻に要求や文句が多い
◆家事・育児はあまりやらない
◆子どもの扱いが苦手
◆言い方がキツい

「ハイ」が3つ以上の場合、**パワハラ・モラハラ夫タイプ**の可能性があります。
「当てはまっていない、いいえ」が3つ以上の場合、**へなちょこ夫タイプ**の可能性があります。

「自分の何が悪いのか」「自分は一生懸命働いて来ただけなのに」という言葉を、数多く聞きます。

そういう方は、よく「**離婚したいという妻の気持ちを理解できていない**」ことがあります。

どちらのタイプの方も、まずは「**妻の気持ちを理解する**」ところからスタートするようにしましょう。

夫が怖いという妻は、ある日突然、荷物と一緒に子どもを連れ立っていなくなる、というケースが多いです。「実家に帰り、電話に出ず、訪ねて行っても門前払い」という対応をされることが多々あります。

そして、電話やメール・ＬＩＮＥなどと、あらゆる方法でコンタクトを取ろうとしますが、うまくいきません。

妻は怖いと思って、実家に避難しているのです。

そのため、夫とは話もしたくないし、声も聞きたくありません。

そのような妻の気持ちが理解できず、自分の気持ちのみを優先する行動をとってしまい、ますます事態を悪化させてしまいます。

それまでの生活を伺うと、夫は妻に対して全く思いやりを持っていないようで、家事や育児をほとんどやっていなかったのです。

妻は恐れや不満を言動として表していたと思うのですが、夫はそれに全く気づいていなかったというケースが、ほとんどです。

そのような夫には妻に対して、「感謝・ねぎらいの言葉を伝える練習をしてください」と、アドバイスします。

感謝・ねぎらいの言葉がすんなりと口から出るようになるためには、根本的に思考や話し方を変えていくようにお伝えします。


一方で「へなちょこ夫」については妻を怒らせたくないからと、何でも妻の言いなりになって、妻の顔色をうかがい過ぎています。

嫌なことでもイヤと言えず、ダメなこともダメと言えない気の弱い男性です。

そのような男性は往々にして収入の低いことがあります。


仕事がある程度成功しているへなちょこ夫は、依存の気持ちが強く、精神的に自立できない方とお見受けします。

いずれにしても妻から嫌われた原因を見つけ、それを反省・改善していただくようにアドバイスします。

　時には、収入を増やすようにアドバイスすることがあります。また、体を鍛えたり、精神力を強くすることを、提案することもあります。

　どんなことをしていた人でも、「夫は妻や子どもとは別れたくない、家族を守っていきたい」と訴えてくるので、徹底的に自己改善をしていただき、次回、奥様と接触した時に、雰囲気が変わったと思わせられたら、修復の方向に向かいますとお伝えします。


　誰だって、離婚なんてしたくないのです！

　妻の立場にしても、問題がなければ離婚したくないのです。

　夫が「こんなに変わってくれたんだ」と、認識してもらうことが重要です。一緒に自己改善を、頑張っていきましょう。

第2章

毒婚生活を招く原因と対策

【1】夫に嫌われる妻は、毒婚を招く

多くのご相談を受けて感じた、『**夫に嫌われて離婚したいと言われる妻の傾向**』は次の通りです。

【「自分自分」の妻】

◆常に、自分が優先
◆子どものことや自分の仕事、生活面でも自分のしたいように行動
◆疲れたらさっさと寝る、行きたければ頻度など気にせず実家に入り浸り
◆夫への気遣いができない

【幼稚な妻】

◆忙しい夫に対して、無理なことを要求する

（例）「何で早く帰って来れないの？」「もっと早く帰って来て」「出張には行かないで」など。

◆泣けば聞いて貰えると思って、何かあるとすぐ泣く

【気が強い妻】

◆自分が悪くても絶対に謝らない

◆上から目線の物言い

◆命令口調で何を言うのにも言葉がキツイ

◆態度も横柄で威圧的

【夫を否定する妻】

◆「だからダメなのよ！」と、何にでも否定的な意見を発する

◆考え方や話し方、行動・服のセンスなどダメ出しばかりで、仕事や親のことにまで否定的なことを言う

【要求が多い妻】

◆いちいち指示命令をする

（例）「もっと私を大事にして！」「家事やってよ！」「育児を言われなくてもやって」「休みはゴロゴロしないで」「もっと高収入の会社に転職して」「脱いだらすぐ○○に入れて」など。

【やたらと干渉してくる妻】

◆行動を監視する

（例）「どこに行くの？」「誰と？」「行かなきゃダメなの？」など。

◆お金・小遣いの使いかたや、休みの過ごし方まで口出しする

ここで『**カップルデトックス**』です。

もし貴女がカップルデトックスを望むなら『**妻力**』を付けましょう！

夫を操縦する、という考えがあります。

夫婦関係の修復相談に来られる方は、それとはほど遠い状況の方が多いです。「夫に不満やストレスをぶつける」、「朝も起きず家事も適当」、「子育てや家事を押し付ける」、「行動を監視する」など、お話を聞いていても、「ちょっとひどいな〜」と感じてしまいます。

『妻力』とは何でしょうか？

『妻力』とは……夫を笑顔にする力、幸せにする力です。

夫に厳しく接し、行動を管理しているとしたら、それは間違っています。
夫は、**褒めて、おだてて、感謝して、気持ち良くさせてしまう方が、妻の思うように動いてくれます**。
例えるなら、北風の対応より太陽の対応の方が有効で、うまくいくのです。

もの凄く妻力に長けている方の実例を、ご紹介します。

◆その日の帰宅時のドアの音で夫の機嫌が分かる、声かけはそれによって変える
◆どんなに早く、または遅く帰宅しても、優しい声で「お帰りなさい。お仕事お疲れ様です」と言う
◆何かお願いしたいときには、甘えた声で「あなた～、〇〇してくださる～～!?」などと言う
◆「貴男が結婚してくれたから、今の幸せがある」と、毎日夫に伝える

いかがでしょうか?

このように思いやりのある対応や、甘い言葉をかけてくれれば、夫の機嫌は絶対に悪くならないでしょう。

悪くなるどころか、妻の存在を有難く感じ、一緒にいると心地いい、という気持ちから「妻を失いたくない」と思うようになります。

それが**信頼関係**であり、絆になっていきます。

絆ができてしまえば、いつも配慮ある温かい言葉をかけてくれている妻のお願いを、聞いてくれない訳がありません。

夫は、とても操縦しやすい状況になります。

「どうすれば配慮や思いやりができるようになるのか」と、聞いてこられる方がいますが、それでは**「妻どころか人としてまだまだ未熟」**だと思います。

妻力の第一歩として、**『ご主人を笑顔にする』**という目標でやっていきませんか？

◆挨拶を丁寧にする
◆必要な会話は、丁寧な言葉で話す
◆生活スタイルを見直す
◆身支度を手伝う

など、できることから始めましょう。

【2】妻に嫌われる夫は、毒婚を招く

妻に嫌われる夫の特徴は、二極化しています。

(1) パワハラ・モラハラっぽい夫

◆言い方がキツイ
◆機嫌が悪い時が多い
◆偉そうな態度
◆乱暴な行動をする
◆声が大きい
◆挨拶はろくすっぽしない
◆妻の意見を論破する

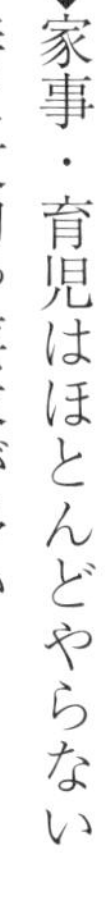

◆家事・育児はほとんどやらない
◆妻に文句や要求が多い
◆外での出来事や実家の話はしない
◆休みやレジャーの計画は立てない
◆お金にはケチる
◆感謝や労いの言葉は言ったことがない

（2）優しすぎる、へなちょこ夫

◆自分の意見や気持ちを言えない
◆妻の顔色ばかり気になる
◆喧嘩をしたくないので黙ってしまう
◆我慢していたらいつか分かって貰えるという願望がある
◆ダメ！　イヤ！　間違っている！　とは口が裂けても言えない
◆家事や育児は妻に言われた通りにやる

ここで『**カップルデトックス**』です。

●カップルデトックスしたい夫がするべきこと

「離婚したくないのですが、どうしたら良いでしょうか」、という相談をしてくる夫の多くは、**自分がパワハラ・モラハラ夫なのだと、気づいていない方**です。

私は、お話を聞いている過程で、「もしかして」と感じることが多々あります。

44～45ページにあるような、「（1）パワハラ・モラハラっぽい夫」の行動の中に、心当たりがありませんか？

もちろん、本物のパワハラやモラハラは、こんなものではありません！

でも、毎日家の中で顔を合わせている夫に、このような対応をされてしまうと、パワハラ・モラハラという認識を持たれてしまいます。

さらに、夫に対して恐怖心や警戒心が生まれて、「離婚したい」という気持ちにさせてしまいます。

夫自身は、自分は男らしいとか、自分を理解して妻が夫に合わせるべきだと思い込み、**自分が妻を追い詰めている**のだと、なかなか自覚が持てない方が多いです。

恐怖心を持った妻が、ある日突然荷物と一緒に実家に帰ってしまう、なんてことがないように、妻の気持ちを日々察することができればいいですね。

まず、夫は妻の自分に対する信頼感・安心感がどのくらいなのかを、客観的に確認してみましょう。

もし、あなたが本物のパワハラ夫・モラハラ夫なら修復はお勧めしません。

本物なら簡単に治ることはないからです。

浮気も借金もしていないのに、「嫌われている」と感じたら、パワハラ・モラハラ夫を疑ってみましょう！　そして、**自己改善**してください。

●ご自分が優しすぎると感じている夫がするべきこと

◆家長としての自覚を持つ
◆リーダーシップ力が必要。ダメ！　イヤ！　間違っている！　などとはっきり言う。もちろん、良いことに対しては「それ良いね」とはっきり言う
◆収入面で平均以上なのか確認。少ない場合は、サイドビジネスや副業をして収入を増やす

女性が結婚する目的は、精神と経済の安定を望んでいる方が多いと思います。それらを**与えられる努力が必要**です。

●本気で妻と別れたくないのなら

夫が妻に「離婚したい」などと言われると、弁護士さんへ相談に行くことが多い

です。

しかし、夫婦修復は法律では解決できません。

ただし、夫婦関係を改善するのではなく、離婚にならない方法なら法律で対応することは可能です。


自分に大きな過失・法的離婚事由がないか、確認しましょう。

浮気や生活費を家に入れないなど、**悪意の遺棄**はありませんか？

回復の見込みがない精神病やＤＶ（ドメスティックバイオレンス）・大きな借金などはありませんか？

理由があれば、簡単に調停へと進められてしまう可能性があります。

大きな過失や法的離婚事由がなければ、**夫婦間の気持ちのすれ違い**です。

つまり、**夫への不満が爆発した**のです。

次のことを自覚・理解しましょう。

◆夫の言動で、妻を長年傷つけて来た
◆妻の要求に応えて来なかった
◆夫の仕事に対しての姿勢や収入への不満
◆生活態度への不満（だらしない、飲みばかり、お金の浪費など）

ご相談者様のほとんどは、なぜそんな状況になったのかを理解できずにいる方が、多いです。


妻が本気で離婚を考えると、長い時間をかけてその準備をします。

その期間も、まったく妻の気持ちに気づかずにいる方が、ほとんどです。

ましてや自分が招いた原因が理解できずに、妻の気持ちの変化に、ただおろおろしているだけです。


それは、妻の気持ちに寄り添えなかった結果です。

つまり、夫としての思いやりや本当の優しさに欠けていたのです。

妻との関係修復を望むのであれば、以下のようなことができれば必ずうまくいきます。

◆自分の言動に落ち度があったことを反省しましょう
◆感謝や労いの言葉を発しましょう
◆妻を女性として扱いましょう
◆そして一人の人間として尊重しましょう
◆自分自身、パワーやエネルギーを感じさせる魅力をもちましょう

●家事や育児ができない夫が、絶対にするべきカップルデトックス

現代は「**ワンオペ**」と言って、一人で家事や育児をしている妻が大きなストレスや不満を感じ、それを訴える方が多いですね。

夫が「手伝おうか？」という言葉をかけるのはＮＧです。

さらに反感を買われてしまうようです。

つまり、手伝うのではなく、自分がやるべきことだと捉えて欲しい、ということなのです。


ただ、妻のその気持ちはよく分かりますが、育休中で家にいる妻、もしくは無職の妻が不満を抱くというのはどうでしょうか？

夫が早朝から深夜まで仕事しているなら、育児や家事をやる時間があるハズがありません。

もしかしたら、妻の本心は育児や家事をやらないことへの不満ではないのかも知れません……寂しさや孤独感からの訴えではないでしょうか？

ねぎらって欲しい、私が頑張っていることを認めて欲しい、また、忘れないで欲しい……という思いだと推測します。

さらに言うと、子どもができたことによって、徐々に夫婦関係が変化し、夫婦の距離を感じている不満とも言えるのではないでしょうか？

深夜に帰宅して家事・育児をすればいいのか……そうではありません。

夫のやるべきことは、妻に感謝やねぎらいの言葉を伝えることなのです。

例えば、以下のように伝えてみましょう。

◆「いつも一人で頑張ってくれてありがとう♡」
◆「家に帰ってくるとホッとするよ、君のお陰だね」
◆「お陰で安心して外で働けるよ、休日は自分がやるからゆっくりしてね」

最初は受け入れて貰えないかも知れません。しかし、女性はそんな言葉を待っています。心の中は、安心と嬉しさで一杯になるはずです。

最近、夫婦関係がギクシャクしていて、育児や家事をしていないと感じている方は、絶対にトライしてみてください。

第3章

カップルデトックスの基礎知識

【1】カップルデトックスで邪魔になる「アダルトチルドレン気質」

どんなにひどいことをされても「離婚したくない」という方がいらっしゃいます。その原因は、その方の「気質」に問題があると感じます。

「気質」とは性格や価値観・考え方や思想など、**「総合的なその方の質」**です。

例えば、どんなに理不尽でひどい暴言を吐かれ続けたり、暴力を受けてツバを吐きかけられても、**「離婚したくない」**という気持ちには驚きます。

一方で、せっかく大好きなパートナーと結婚したのに、相手をバカにして傷付けて、その結果、嫌われてしまい「離婚したい」と言われてしまう状況が後を絶たないことに、大きな疑問や違和感を感じました。

それがどうしてなのか、突き詰めて調べていくと、**「アダルトチルドレン」**という気質があることが分かりました。約17年前のことです。

アダルトチルドレンは、病気でも障害でもありません。

アダルトチルドレンの定義は、**親がアルコール依存症などで家庭が全く機能していない状況で育った人が持つ気質**というものでした。

しかし、それだけではありません。

家庭は機能していたけれど、「親や親が与えてくれた環境に不満や不安を感じている、または満足が出来なかった方」が、心に闇や不満を抱えていて、今でも生きづらさがある、という方が、「**アダルトチルドレン**」の人たちです。

以下の事例を、ご確認ください。

◆親に褒められたことがない
◆他の兄弟と比べられて評価が低い
◆親が過干渉で、何も自分で決められない
◆親がヒステリックで、いつも機嫌が悪かった
◆親が不仲、浮気をしていて、不安感を抱えていた
◆片親で育ち、愛情に飢えていた、孤独感が強い
◆厳しい躾をされて、自由が無かった

その不満や不安感を、パートナーにぶつけてしまっているのです。

この強い不安感から、一人になりたくないという気持ちが「**依存**」です。

自分の心や気持ちを満たすことしか考えられなくて、大切なパートナーにひどいことをしてしまい、「離婚したい」と言われて、初めて自分の欠点に気づくようです。


原因は、育歴です。

その影響で、以下のような行動をしてしまう方が、アダルトチルドレンです。

◆相手の気持ちが分からない、考えようとしない
◆根拠のない不安感が強い
◆マイナス思考が強い
◆自分で判断し行動することが出来ない
◆自立や一人になることが出来ない
◆悪い妄想をする
◆依存が強い
◆自分に自信がないのに、パートナーには偉そうにする

それが夫婦修復の邪魔になっている「**アダルトチルドレン気質**」です。

アダルトチルドレンの人たちは、アドバイスに対して、否定的でやる気が起きないという方が目立ちます。

なぜそれが重要で必要なのかも理解せず、自分に都合のいい情報やアドバイスだけを受け入れる、というのもアダルトチルドレンの特徴です。

もし、ご自分がアダルトチルドレンだと感じたら、まずはその**気質の改善**が必要です。

私はその専門家ではありませんが、その方と話をしていると、気質の改善が必要かどうかは、すぐ分かります。

もし、ご自分の状況が心配な方は、専門家に相談してください。

私のお勧めする改善方法は、親御さんに過去の不満や不安感を伝え、それを認めて謝って貰うことです。

それが出来ない方は、成功体験を積み重ねることで、自分に自信を持つことが有効だと考えます。

アダルトチルドレン気質の改善は、カップルデトックスへの近道です。

【2】「毒親からの自立」もカップルデトックスには重要

ご相談者様には、夫婦の関係だけではなく、親との関係についても悩んでいるケースは珍しくありません。

以下のような対応をされて、親御さんの顔色をうかがいながら、生活を送っています。

◆そもそも理由もなく、結婚に反対された
◆両親がパートナーの前で、パートナーの悪口を平然と言う
◆結婚しても、今まで通り仕送りを強要
◆離婚しないと親子の縁を切る、と言われた
◆結婚したら付き合いはしない、と言われた

結婚はしたものの、パートナーとの関係がうまくいかないのは、そのような親に縛られて振り回されている、というのも一つの要因です。

以下は、もともと親から過干渉を受けていたために、ご相談者本人も気づいていない親の問題行動です。

◆何かというと、実家から呼び出しされる
◆親から買い物や小遣いを、定期的に要求される
◆定期的な実家への帰宅を要求される
◆親から細かい事まで、夫婦生活を指示・命令される

また、ご相談者様自身の行動として、意識して欲しいことがあります。
以下の行動が、パートナーの立場から見て望ましくない行動であると、理解することができますか？

◆何かあるとすぐ親に相談・連絡する
◆親に要求されなくても、毎日のように実家に帰ってから帰宅する
◆親と離れられずに、結婚しても親と同居

結婚は親からの「自立」です。

親よりもパートナーを優先することが大事なのに、それが出来ないため、夫婦関係に溝が生じてしまいます。
それはそうですよね！　パートナーより実家を優先すれば、夫婦関係がうまくいくはずがありません。

また、62〜63ページに記載した親の例は、まだ「本物の毒親」ではないと思います。もっと強烈な本物の毒親は、以下のような親です。

◆ネグレスト（子育て放棄）

◆行動のすべてを支配していた
◆娘を風俗で働かせていた
◆性的虐待をしていた
◆子どもより自分優先（浮気相手と同居など）

もし、あなたの両親がこれらに当てはまるのなら、迷わず今すぐに親との関わりを絶ちましょう！

親がいなくても、あなたは幸せになれます！

むしろ、親から離れて自立するべきです。

小さい時からそれが当たり前という環境で育ったので、親からの自立は難しいかも知れません。しかし、「自分を解放するため」「自分自身を取り戻し自由になるため」「かけがえのないパートナーと良好な関係を築くため」には、親からの自立、つまり親離れが重要です。

ひとりで悩んでいて苦しいのなら、私がお力になります。

【3】うつや病気になるなら、カップルデトックスはお勧めしません!

たまに、パートナーから「**離婚宣言**」をされたことで、病気になってしまったという話を聞きます。

言われた方にとって、あまりにもショックが大きくて、眠れない、食べれないという状況からの結果、病気になってしまいます。

病気になった方は、パートナーが弱った自分を優しくいたわってくれると思っていますが、それは間違いです。

タイミングにもよりますが、夫婦関係がうまくいっていれば、心配していたわってくれることでしょう。

しかし、嫌いになって離婚したいと言っているわけですから、弱ったパートナーを見てしまったら、さらに離婚への気持ちが強くなってしまいます。

それまでは、強気で上から目線で自分勝手だったとしても、いざ「離婚宣言」をされると、言われた側は、精神的にも肉体的にもダメージを大きく受けてしまうのです。

特に「**うつ・パニック障害・過呼吸**」などの発症は、深刻です。

また、夫婦問題を抱えて数年間も大病を患ってしまう方がいるようですが、いずれにしても、病気は夫婦関係を改善するきっかけにはならないようです。

経済面で、生活に大きな影響が出るでしょうし、精神的にも余裕がなくなり、冷静に夫婦の大切な話し合いができない、という理由からのようです。

離婚したいと言った方も、弱った相手を見るのが辛くなりますし、また、優しくなれない自分の気持ちに気づいて、さらに苦しくなったりします。

私が、病気になられた方に対して、夫婦関係の修復をお勧めしない一番の理由は、病気が原因で潰れてしまったら、人として自立できなくなってしまう可能性があるからです。
一生自立出来なくなる可能性があるようなリスクを、避けて欲しいという思いからです。

何が大事なのか？
それは、病気を跳ね返すくらいの強い精神と肉体です。
その前に大事なことは、夫婦関係を悪くしないための優しさや思いやりです。

病気にならず、離婚にもならないために、日ごろから自分を律していきましょう！

【4】カップルデトックスはやり続けることが大切！

夫婦関係の修復活動は、**パートナーに嫌われて指摘されたことを自己改善していき、それを身につけること**です。

修復活動をしている間は思うようにいかないことが多く、苦しい生活が続くこともあります。

どのようなことでも、目標を達成する時は相当の苦労が付き物です。ましてや、自分だけの問題ではなく、相手があることですからなおさらです。

先の見えない不安感でいっぱいになり、時にはイライラしたり悲しくなったりします。しかし、誰にもあることだと理解し、前に進みましょう。

【事例】ある相談者の修復活動

どんなにキチンと家事をやっていても、夫に気を遣って言葉がけしても「黙っていろ」「もっとあっちへ行け」などと暴言を吐かれている方もいました。

また別の方は、毎晩のように帰宅が遅い夫に対して、以下のように伝えました。

「身体が心配だから、1時間早く帰って休んでください」

ところが、夫からは否定的な言葉が返って来たそうです。

「今さらお前に言われる筋合いはない」

どちらもそのような状況を想像すると、辛く悲しい気持ちは察するに余りあると思います。

なぜ、そんなにひどい対応をとるのでしょうか？

それは夫の妻に対する、それまでの不満の表れです。

「離婚したい」と言っている夫は、それを受け入れてくれない妻の気持ちが分からない、というケースが多いのです。

それは今までの言動から、良い感情を持っていないからなのです。

「自分を大切にしてくれない」

「否定や文句ばかり言っていたくせに……」

「俺を邪魔にするような態度をとっていたのに」

それを払拭するためには、どんなにひどい態度や暴言を浴びせられても、自分が妻としてやるべき姿勢を、しっかりと貫き続けることです。

諦めてはいけません。

やり続けることで、信用を得ることができます。

初めはパフォーマンスとしか、思われないかも知れません。

信用して貰えると態度や表情、返ってくる言葉が変わってきます。

諦めないで続けていきましょう。

【5】「どのくらいでカップルデトックスの効果は出ますか?」

初回の電話相談では、平均約1時間の方が多いです。

その相談の終盤になると、「どのくらいで、夫婦関係を修復出来ますか?」と聞かれることが多いです。

ただ、時間が経過すればパートナーの気持ちが変わって、修復できるわけではありません。

離婚問題で悩む方が直面している問題は、その方の言動が原因でパートナーに嫌われて「離婚したい」と言われていることです。

「離婚したくない」という思いから、何かできないかと模索して「藁(わら)にもすがる思い」でご相談に来られているのは理解できます。

何も原因がないのに「離婚したい」と言われるわけがありません。
その**原因を明確にし、反省し、改善していくこと**が修復活動です。

自分が変わってこそ、相手の気持ちが変わるのです。

何か一つやれば、相手の気持ちが変わるという、魔法の方法はありません。

例えば、以下のようなことをしっかりと理解できるようになることが大切です。

◆『夫』であれば、妻に感謝や労いの気持ちを持ち、それを言葉で伝えることが出来るようになる。

◆『妻』は優しさや配慮をする生活を提供し、夫に安らぎや癒やしを感じて貰えるようになる。

自分が変わらないと、パートナーの気持ちが変わることはないのです。

それを忘れてしまってます。

結果ばかりを求めないでください。

自分が変わることよりも、相手の気持ちばかりを気にするのはダメです。

それではうまくいきません。


ご相談者全員に、お聞きしたいです。

「どれくらいで、相手が許しても良いと思うほど変わることができますか？」と。


相談終了後は、少し気持ちが楽になるようです。

病院と同じで痛みや辛さが楽になると、それで満足してしまい、その後何もしようとしない方もいます。

それが原因で、状況が変わらないという方も珍しくありません。


今すぐ、自分を変える努力をしてください。

気持ちが楽になっただけでは、夫婦関係の修復は達成しません。

【6】離婚したくないなら、別居はしない方が良い！

一般的に、「最近、夫婦関係が悪くて喧嘩ばかり」と親・兄弟・友人知人・同僚などに相談すると、「別居してみたら」「ちょっと離れた方が良いのでは」などと、アドバイスされることが多いようです。

離婚を視野に入れてるのでしたら、別居も良いとは思います。

しかし、私は別居をお勧めしていません。

私は、「**夫婦は生活を共にしながら、問題を解決していくべきだ**」と、考えているからです。

合意がないまま出て行ってしまうと、以下のように思われて、ますます夫婦の間の溝が深くなってしまいます。

◆家庭を捨てた
◆夫婦としての役割を放棄した
◆離婚の準備で実家に帰った
◆自分と向き合う気がない

特に、若いご夫婦は安易に実家に帰ってしまい、別居となる傾向があります。妻の側は、夫が後悔し、実家に迎えに来てくれると思ってしまうようですが、残念ですが、その可能性は低いと考えてください。

離婚をしたくないのなら、絶対に自ら実家に帰ってはいけません。後日、後悔して夫婦の住まいに帰りたいと思っても、「もう帰って来なくていい」と言われてしまい、さらに深刻な状況を招いてしまいます。

何度も話し合って別居を決定したのであれば、もうその状況から夫婦修復へと気持ちを変える方法はないでしょう。

険悪な関係になってしまったら、できるだけ問題を大きくこじらせないようにする方が、カップルデトックスには有効です。

関係性が悪いご夫婦に、話し合いはお勧めしません。溝が深くなって、悪い方向にしか進まないからです。

「出て行く」と言って本当に出て行ってしまう夫は、実は少ないのですが、了承なしで出て行ってしまう夫は、人格的に無責任だったりなどの問題があるか、よほど、その生活が苦しくてその場にいられないか、のどちらかです。

離婚したくないなら、ぜひ以下のことを守ってください。

◆冷却期間を作るためと言って、実家に帰らない
◆相手に「出て行って」とは言わない
◆話し合いを繰り返し、別居を承諾しない

【7】子どもを犠牲にしないで！

愛し合って結婚したはずなのに、仕事の忙しさや日々の生活に追われ、**お互いパートナーに対して、優しい気持ちや愛情が持てなくなってしまう**、ということは、どなたでも心当たりがあるのではないでしょうか？

「こんなハズではなかった」と、後悔の気持ちが生まれることもあります。

もちろん関係が悪化しても、早期に解決して元通りになれば問題はありません。口を利かなくなったり、なんとなく相手を避ける、というような些細なことの積み重ねで、どんどん夫婦関係は悪化してしまいます。

やがて、子どもに向かってパートナーへの愚痴や不満を伝えたり、子どもを夫婦間の伝達役にしてしまうような状況になる可能性もあります。

食卓を一緒に囲むこともなくなり、家族の笑顔も少なくなります。

どよんとした空気が家の中に漂っていると、子どもはその空気を敏感に感じ取ります。

親が思う以上に子どもは敏感で、その場にいることが苦痛に感じるようになります。そして、「ママに笑顔がなくなった」「いつもイライラしている」「悲しそう」「パパがあまり早く帰って来なくなった」など、さまざまな状況が気になってきます。

それでも、目の前で夫婦喧嘩や、物を投げたり、言い合いをしなければ、子どもは我慢できるでしょう。

しかし、子どもの前でいつも怒鳴り合い、子どもにパートナーの悪口を言っていると、**子どもは、不安感で心が壊れてしまい**ます。

「パパやママが、どこかに行ってしまうのではないか」「これからどうなってしまうのだろうか」などと考え、心がボロボロになります。

言葉に出せない年齢であっても、心は反応しています。
不安感で一杯になります。
また、元気がなくなったり、体調を崩してしまうこともあります。

小中高生くらいになると、その心の不安定さや弱さから、不登校になったり、勉強に集中が出来なくなります。

親の不仲や別居・離婚問題を友人に知られて、そのことでいじめの対象になる可能性もあります。

思春期のお子さんは、とても傷付きショックを受けます。
「死にたい」と、言い出すお子さんもいます。

子どもの学校での生活や部活動、友人との交流は、**安定した家庭生活があってのこと**です。

いくつものお習いごとや塾通いよりも、**子どもにとっての栄養は、仲良く円満な**

夫婦の元で育つことです。

そういう環境であれば、気持ちが安定し、子どもは何も心配することなく、思いっ切り勉強や遊びに打ち込めます。

そんな子どもの環境や心理状態を理解し、親の問題に子どもが振り回されることのないように、思いやりや配慮をしてあげてください。

それは、**親の責任**です。

子どもに問題が出たら、それがご自分にも必ず返って来ます。

子育ては永遠ではありません。

後悔のないように、子どもさんを大切にしてください。

夫婦でご一緒に、子育てを楽しんでください。

【8】弁護士への相談について

インターネットで「弁護士」を検索すると、以下の説明が出てきます。
「弁護士とは、依頼を受けて法律事務を処理することを、職務とする専門職である」

夫婦の問題、しかも**夫婦関係の修復や再構築をしたい方が、弁護士さんに相談をしても、有効なアドバイスが得られることはありません。**

弁護士さんに相談するのであれば、法律で解決したい内容であったり、離婚したい人が自分の代理人になって欲しい時などであれば、弁護士さんに相談し解決を委任するのが有効だと思います。

例えば、以下のような場合です。

◆離婚したいが、相手が離婚に応じない
◆離婚したいが、相手と直接話したくない
◆夫婦に大きな財産があり、法律でキチンと分与したい
◆離婚には応じるが、できるだけ公平、または有利な条件で離婚したい
◆離婚条件が折り合わないので、法の力を借りたい
◆理不尽な要求に対し、自分の代理となって交渉して欲しい

行政書士さんは、別名、事務弁護士とも言って、法を以て物事を解決するのが職務なのですが、代理人にはなれない、というのが欠点です。

「**夫婦関係を修復したい方**」**は、法律では解決できない**ということを理解していただけましたでしょうか？

タイミングとして、例えば「離婚調停」を申し立てられたら、その心構えや対応のアドバイスを聞くのは、多少有効かとは思います。

ご相談者様に付き添って、弁護士事務所を訪れたことがあります。

弁護士さんは、ご相談者様の話を聞き終えると「そんなことは自分たちで解決することでしょ！　法律ではどうもなりませんよ。調停をやったら、自分の気持ちをしっかり言えばいいですよ」とおっしゃいました。

つまり、夫婦修復を目的の委任は断られた、ということです。

調停で離婚に合意する可能性があるのでしたら、財産分与や慰謝料・養育費などの条件交渉の力になってくださると思います。

ただし、相場として成立した金額の約20％が必要です。

委任契約内容によりますが、別途、成功報酬を支払う必要もあります。

あるご相談者様は、養育費を子どもが20歳になるまで支払って貰えることになりましたが、まだ受け取っていないのにもかかわらず、その20％の金額を弁護士さんに先に支払ったそうです。

手元にお金が入らなくても、支払いが高額で大変困った、と泣いていました。
委任条件などを十分に理解してから、委任なさってください。

夫婦関係の修復をしたい方に、弁護士への委任や相談をお勧めしない理由は、他にもあります。

弁護士さんからの連絡が、電話や書面で来るだけで委縮してしまう方がほとんどですし、離婚したくない方が弁護士さんを通じて何かを伝えても、相手は戦闘態勢に入ったと感じ、さらに反発心を招くだけです。

離婚したいと言っている相手の気持ちを、法律で変えることは出来ません。

また弁護士さんは、男女の痴話喧嘩的な感情は聞くのも話すのも苦手、という方が多いです。

多くの弁護士さんは、理論的に物事を考えるのが得意ですので、「夫婦関係を修復したい」と言っても、気持ちを変えることに関する的確なアドバイスはできないと思います。

「夫が無視するのですが、どうしたら良いでしょうか」
「夫が同じ寝室で寝るのを嫌がります、何をすれば寝てくれますか」
「私は元の仲良かった夫婦に戻りたいです、アドバイスお願いします」

そのような問題は、法律では解決できません。

夫婦関係の修復には、弁護士さんへの相談は向かないということを、ご理解ください。

第4章

カップルデトックスによる毒婚生活解決事例

パート【1】

夫婦2人揃ってのカップルデトックス相談

【事例1】浮気を繰り返す夫に嫌悪感がある

◆家族構成とご夫婦の状況

※夫　　36歳　会社員・営業
※妻　　32歳　契約社員
※子ども　2歳
※結　婚　4年目

〈夫の言い分〉浮気は良くないと分かっている

妻とは絶対に別れたくないと思っていて、傷つけて申し訳ないという気持ちで一杯です。ただ、なぜ浮気をしてしまうのかを聞かれても、自分では、はっきり答えられません。

妻に問い詰められると、もうやらないという気持ちになりますが、また同じことを繰り返してしまいます。自分でもそんな自分が嫌で情けないと思っています。

妻に離婚したいと言われていますが、妻と子どものことを考えると、絶対に離婚には同意したくありません。

何とか、気持ちを変えて貰いたいと考えています。


〈妻の言い分〉自分は浮気には理解がある方だと思っている

風俗に行く程度なら、自分にも責任があると考え、辛くても夫の浮気を許すことができました。

しかし、普通の方との浮気は今回が2回目で、1回目の時に「もう絶対にしないから、信じて欲しい」と泣きながら言ってくれたので信じましたが、また同じことが起きて、もう信用できません。

「離婚して欲しい」と夫に言っても「絶対に離婚しない」と言われてしまう状況でした。

夫の気持ちが理解できません。

この頃は夫に対して嫌悪感があり、一緒にいるのが辛い状況です。

このまま結婚生活を続けても、幸せになれるのか分からず、日々悩んでいます。

どうすれば夫を信じられるようになるか、また夫の浮気が治るのか、アドバイスをお願いします。

●鈴木あけみのカップルデトックス

経緯を冷静に見て、ご主人の不誠実さを感じました。

浮気しておいて、離婚には応じないのも、身勝手な態度だと思いました。

浮気のマナーも悪く脇も甘いので、前歴があるにも拘らず奥様にもバレてしまうという、行動の思考に問題ありでした。

見た目は、一見とても男らしい雰囲気がある方なのです。

しかし、顔を見てご主人の言い分を聞くと、心の弱さや甘えが感じられました。

夫には、以下のようにご指導させていただきました。


心に問題を抱えている可能性があるので、心理テストやアダルトチルドレン改善の民間療法を受けてみたらどうでしょうか？

その心の問題を解決すれば、浮気はしなくなる可能性があります。

今は口で何と言っても、奥様に信用されるハズはありません。

浮気をしないように、自分を正して生活してください。


もし、この先また夫が浮気をしたら、離婚請求や慰謝料請求などはスムーズに受け入れ、対応していただけるように約束していただき、相談を終了しました。

【事例2】　毒母娘の関係が苦痛で限界に達した夫

◆家族構成とご夫婦の状況

※夫　　35歳　会社員
※妻　　33歳　パート
※子ども　ナシ
※結　婚　2年目

〈夫の言い分〉結婚前には気づかなかった母娘の関係

結婚前には気が付きませんでしたが、妻は自分の親と非常に仲が良く、毎日電話でやり取りをしています。

何でもまずは、僕より先に親に相談・報告します。

それが影響してか、家事は疎かになっています。

それだけではなく、毎週末のように実家に帰って、よく母娘で旅行にも行きます。

僕のことは、ほったらかしです。

妻の母は、僕たち夫婦が喧嘩したりするとすぐに電話して来て「離婚！　離婚！」と言います。

妻にやめて欲しいと伝えても「親と仲良くして何が悪いの？」「なんで相談したらダメなの？」と言って、聞き入れてくれません。

夫婦二人の生活や考えを優先し、大切にしたいと思っています。

でも、こんな生活が続くのなら、離婚も考えています。

その前に第三者を挟んで、冷静に話したいと思いました。

鈴木先生に率直に意見を言って貰いたいです。よろしくお願い致します。

〈妻の言い分〉母と一緒だとホッとします

母とは仲良しです。今も、母親を大切に思っているのは、間違いありません。

何でも話し合いますし、一緒にいたり実家に帰るとホッとします。

夫がこんなに不満に思っていることにびっくりしています。

今まで夫はニコニコして優しかったので、自分が自由にふるまっていても何とも思っていないと思っていました。

結婚したら実家に帰らないものですか？

親に相談したらダメなんでしょうか？


自分としては離婚したくないので、今後どうしたらいいのか教えてください。

●鈴木あけみのカップルデトックス

お二人とも、離婚したくないというお気持ちのようなので、安心しました。

結婚とは親から自立することです。親離れをしましょう！

いくら親子でも、夫婦の夜の問題や夫婦にしか分からない問題を、親に言うのは間違っていますのでやめましょう。

また、お母さんとの距離感が近すぎると感じますので、頻繁に実家に帰ることはＮＧです。

毎週の実家帰りは、せめてご主人が出張などでお留守なら仕方がないです。

さらに、毎日の母娘の電話も、出来ればおやめください。

やめていただくことばかりで申し訳ないのですが、それらをやめることで、ご主人との関係が良くなり安定します。

母娘の密着度が高いと言える妻は、見ている先は夫ではなく親なので、夫婦関係がうまくいかなくなる傾向があります。

ご主人を優先する気持ちをもって、妻業に専念してください。

以上を伝えたところ奥様から「言われるまで全く気づきませんでした。

これからは主人の気持ちを考えて生活します」という言葉がありました。

ご主人も「分かってくれてホッとしました」と。

めでたく、解決に至りました。

【事例3】　結婚以来、7年間1度も朝起きない妻に嫌気が

◆家族構成とご夫婦の状況

※夫　　37歳　公務員
※妻　　36歳　自営（自宅で仕事）
※子ども　ナシ
※結　婚　7年目

〈夫の言い分〉7年間1度も朝食ナシ、思いやりが欲しい

妻は結婚以来、7年間1度も朝起きて朝食を作ってくれたことがありません。何度か、やんわりと気持ちを伝えたことはありました。

妻の収入に頼って生活をしているわけではないので、もう少し思いやりや、優しさが欲しかったです。

朝だけではなく、家事全般についてきちんとやっているとは感じません。

子どもがいないので、この先の姿を想像すると嫌気が差してきて、仕事をもっと頑張ろうという気になりません。

妻には申し訳ないけれど、離婚して欲しいと思っています。

〈妻の言い分〉結婚当時の「朝起きなくて良いよ」という言葉を信じてました

自分が朝起きなかったのは、結婚当時に夫が「朝起きなくていいよ」と、言ってくれたからです。夫は結婚しても、そういうことは望んでいないと思っていました。なので、言われるまで気が付きませんでした。

考えてみたら、その言葉に甘えていて、家にいるのに主婦や妻らしいことをして来なかったと思います。自分でも、過去の7年間はなんだったのだろうと思います。

でも、大きな決心をして結婚したし、初めて本心を聞いたので時間をください。お願いします。

●鈴木あけみのカップルデトックス

7年間1度も、朝起きないということを聞き、正直驚きました。まさか、そのような妻が、現実にいるとは……。

生活費が同等という、いわゆる共働きというスタイルではなく、ほとんどがご主人の支出だということにもびっくりです。

ちょっと甘えすぎていましたね！　奥様には妻としての役割を果たし、家事全般をきちんとやって、生活費の1／3は支出するようにしてくださいと伝えました。

以上、生活面・経済面と、大きな生活改善をして貰うことを、約束していただきました。

ご主人に対しては、すぐに離婚する必要がないなら、6ケ月くらい奥様の改善の様子を見守ってくださいとお伝えしました。

6ケ月後の改善が満足するレベルに達していない、または気持ちが戻らないなどとなった時は改めて、協議しましょうということで、了承をいただきました。

奥様はチャンスを貰えたことに、大変喜んでいました。

【事例４】　仕事人間で毒パワハラ夫が嫌で離婚したい

◆家族構成とご夫婦の状況

※夫　　49歳　会社員
※妻　　45歳　専業主婦
※子ども　18歳　16歳
※結　婚　20年目

〈夫の言い分〉仕事中心で子育ては任せきりだった

妻から「離婚したい」と言われて、驚いています。
今まで、家庭を守ろうと、仕事を一生懸命やってきたつもりです。
反省するとしたら、子育ても家のことも、すべて妻にお任せだったことです。
妻に感謝はしていましたが、言葉をかけることは少なかったと思います。

たまに声を荒らげたこともありましたが、数年に1度くらいだと記憶しています。

要求はいろいろ言って来たので、それが良くなかったのかも知れません。

仕事に邁進（まいしん）できたのは、明らかに妻のおかげです。

今後も一緒に生活を共にし、人生を歩んでみたいという希望を持っています。

〈妻の言い分〉 パワハラを受けて来たのかと

もともと夫のことをよく分からずに結婚しました。

結婚に、あこがれていたのだと思います。

夫が転勤族なので、仕事をしたい気持ちを抑えて、主婦に専念して来ました。

夫は真面目で几帳面です。私への要求も数が多くて、内容のレベルも高い方だと思います。最近はパワハラ・モラハラという言葉がメジャーになりましたが、夫にずっと厳しいことを言われ続けて、かなり我慢してきました。

今まで、パワハラを受けて来たのかと……思ってしまいます。

最近、娘に「お母さんは幸せ？　もっと好きなことしてもいいよ」と言われ、今の生活に疑問を持つようになりました。できれば離婚して自由になりたいです。

●鈴木あけみのカップルデトックス

頭の良い夫婦なので、自分で考えてそれぞれに頑張って来たので、お互いに感謝し、してきた実績を分かっていますが、自分自身の評価が分かっていません。

夫は妻に対して、パワハラというより「男尊女卑」の意識が高いと思います。

妻の家事のスキルや忍耐力は、とても高いレベルです。

その溝を埋めるために、夫は毎日1回は必ず「妻へ感謝の言葉」を伝えてください。

また、口うるさく言わず、その言葉を飲み込んでください。

妻に、自由に使えるおこづかいを少額でも差し上げて、日曜日は自由な時間も作ってあげてください。と提案したところ、気持ちよく了承していただきました。

それを聞いた妻は「信じられません」と言っていましたが、6ケ月を猶予期間とすることにして、妻の離婚宣言は取り下げていただきました。

【事例5】不妊治療中、夫が「もう解放されたい」

◆家族構成とご夫婦の状況

※夫　　33歳　会社員
※妻　　31歳　派遣社員
※子ども　ナシ
※結　婚　2年目

〈夫の言い分〉妻が落ち込んでいても、どうしたら良いかわからない

生活の細かいことまでいろいろ指示命令されて、気が滅入ります。

結婚当初から子どもが欲しいと思っていたので、協力はしたいと思ってやって来ましたが、妻が落ち込んで泣いていたり、機嫌が悪い時が何日もあると、どうしたらいいのか分からなくなりました。

最初は一緒に乗り越えていこうと頑張って来ましたが、最近はキツイと感じるようになりました。

こんなことが何年も続くのかと考えると、もう解放して欲しいという気持ちが強くなって来ました。

途中で逃げ出すようなことを言い出して悪いと思うけれども、今は子どももいらないと感じるようになってしまいました。解放してください。

〈妻の言い分〉一緒にパパ・ママになりたい

結婚したら、絶対にすぐ、子どもが欲しいと思っていました。

友人が出産すると羨ましくてそれと同時に悲しい気持ちになります。

そんな時に家で泣いていたりすると、夫が困っているのは知っていました。

今は家より、仕事より、遊びより、子作りを優先させたいという気持ちは変わりません。

今まで、辛い検査も頑張ってして来ましたし、周りも皆、期待しているのが分かるので、今まで通り、不妊治療に協力して欲しいです。

離婚なんて言わないで！

一緒にパパ・ママになりたいです。

自分の反省点は改善したいと思っています。

●鈴木あけみのカップルデトックス

不妊治療中に不仲になる夫婦は、数多くいます。

多くのことを共有していないから、不仲になってしまうのです。

「治療の内容」「ステップアップ」「通院の頻度」「不妊治療のお金の問題」「仕事の調整」「デメリット」「辛いこと」などを、普段からすり合わせをして、同じ認識を持つことが重要だと思います。

特に感情の行き違いは、よくあります。

治療がうまくいかなかったり、周りからのプレッシャーに妻は敏感になり、落ち込むことが多いですよね。

夫にも一緒に落ち込んで欲しいと思う方が多く、それが揉め事や不満になってしまうのです。

不妊治療がないということを前提に、もう一度ご夫婦関係を見直してみることを、提案いたしました。

「今、ご主人が離婚したいと仰っているので、不妊治療は一旦中止にしてみたらどうでしょうか？」と。

妻は、まだ十分若いので、急がなくても妊活へ向け体のことも含め、いろいろ改善できることがあると思います。

妻はしぶしぶでしたが、最後はそれに納得し、治療前の生活に戻ってもいいと言ってくれました。

夫も「時間をかけて二人でやってみます」と、約束してくれました。

【事例6】 妻実家での毒同居で自分が壊れそう

◆家族構成とご夫婦の状況

※夫　35歳　公務員
※妻　34歳　公務員
※子ども　1歳
※結婚　4年

〈夫の言い分〉妻親と同居したら疎外感がひどい

結婚が決まった時に、妻の要望と経済的な事情を考えて、妻の実家に同居する形で生活をスタートしました。

実際に生活すると、妻は親との関係性が強く、疎外感を感じるようになりました。

そんな僕の気持ちを察してもくれないし、配慮も何もないので、同じ部屋での家族団らんは苦痛なだけです。

子どもが産まれてから、さらにひどくなりました。

仕事から帰っても、子どもは妻の両親がすべて面倒を見て、自分の出番が全くありません。

誰の子なのかと、思ってしまいます。

夫婦としての関係性を、きちんと作りたいのです。

妻に僕のことをもっと認めてもらい、まずは家族３人で仲良くしていきたいと思っています。

それが叶わないなら、離婚を前提で別居を望みます。

〈妻の言い分〉夫の気持ちに気づきませんでした

夫がこんな気持ちでいるのに、全く気づきませんでした。

自分の両親は夫が好きだし、夫をよく褒めているので、そんな関係になっているとは思ってもいませんでした。

振り返ると、自分の親なので甘えていて、やって貰って当たり前だと思っていました。

また、仕事をずっと続けるつもりだったので、親との同居は便利だと感じていました。夫には、本当に申し訳ないことをしました。

●鈴木あけみのカップルデトックス

経済的に可能ならば一度、妻の実家を出て生活してみたらどうでしょうか？

3人で生活をしてみれば、妻も自分のやるべきことや、夫への対応も分かってくるでしょう。

またご主人も、助けて貰えることの有難みを、感じるかも知れません。

夫婦の間にきちんとした信頼関係ができて、関係が修復されたと感じた時に、改めて同居することも可能ですよね。

妻の方は感じていないようですが、親御さんとの密着度が高過ぎると感じます。結婚は親からの自立でもあるので、きちんと親離れしてください。

そんな中で生活をしているご主人がお気の毒に感じます。

すべては、妻のために我慢して来たのでしょうから……。

結婚から４年間、ご主人がそれなりに我慢して成り立って来たのですから、これからは自分の親ではなく、夫と２人で子どもとの生活を回す努力や工夫をする番です。

以上の提案やアドバイスを夫婦とも受け入れてくださって、最後は妻が夫に謝罪する形で終了しました。

【事例7】 妻がパートに出たら借金を作り、家庭崩壊の危機

◆家族構成とご夫婦の状況

※夫　38歳　会社員
※妻　36歳　パート
※子ども　12歳　8歳　6歳　5歳　2歳
※結婚　10年

〈夫の言い分〉家に居たくなくパチンコに

最近、妻の様子がおかしいのが分かります。こそこそしているようにも見えるし、夜中に起きて何かやっているようです。痩せてきているようにも見えます。

もともと気が強く、いろいろ口出しをして来て、自分に対して転職を強く勧めて

くるのが嫌でした。

家にいても妻がイライラして子どもに怒鳴ってばかりで、家に居たくないので最近はパチンコに行くようになりました。

なので、以前より家事育児は手抜き状態であり、申し訳ないと思っています。


〈妻の言い分〉パートが思った以上にハードだった

子どもが５人もいて生活が苦しいので、パートに出ました。

思った以上に仕事がハードで疲れがひどく、食事は出来合いの惣菜や出前を取るようになりました。

おしゃれもしたくなって、借金を作ってしまいました。

今は、自分では返せない金額になってしまい恐ろしいです。

夜は眠れず、食事もできません。

夫が怖くて、言えないままでいました。

毎日、返済のことを考えてしまいます。

どうしていいか分からなくなり、最近は「死にたい」とも思うようになってしまいました。

本当にすいません。

●鈴木あけみのカップルデトックス

詳しく話を聞くと、コミュニケーション不足からお互い不満が積り、勝手に生活するスタイルになってしまっています。

まずは、父母としての意識をしっかり持って、お互いに助け合って、安定した生活をしていくべき努力をしましょう。

夫は「死にたい」と言っている妻を元気にし、ウツなどになってつぶれないようにしないと、家庭が回らなくなります。

なので、まずは妻の作った借金返済を、優先してください。

そのために、パチンコに行く時間や休日を利用して、アルバイトでもしてください。

妻の思考や言動には問題がありますが、今は責めるようなことはしないで、まずは生活を立て直しましょう。

子どもたちが安心して生活できるように、家事や子育てに積極的に協力してあげましょう。

夫に対して数多くのお願いと理解・協力を求めましたが、子どものために「分かりました」と、了承してくれました。

妻はそれを聞いて、安堵の表情を浮かべていました。

【事例8】妻の態度が急に毒対応、心が折れそうな夫

◆家族構成とご夫婦の状況

※夫　51歳　会社員
※妻　49歳　専業主婦
※子ども　23歳　20歳　18歳
※結　婚　25年

〈夫の言い分〉妻の優しさに甘えて来てしまいました

結婚以来、夫婦の関係が悪かったことは、ありませんでした。
妻の配慮ある言動に助けられて来たと思って、感謝しています。
結婚25年ともなると、何もなかった訳ではありません。
両親や兄弟のことで迷惑をかけてきたこともあるし、自分では気が付かないで傷

付けてしまったこともあるかも知れません。

妻の優しさや配慮ある行動に甘えて来てしまったと思います。

３ケ月前に、家族でとある問題が起きたことをきっかけに、妻の態度が急変してしまいました。

20年以上も前のことを、ネチネチ言われてもどうすることもできません。

弱い心の持ち主かも知れませんが、妻の態度に心が折れそうで、この先心配で心が落ち着きません。

何とか、元の優しい態度に戻って欲しいです。

〈妻の言い分〉昔のことを思い出し苦しくなる

今までもいろいろと思うところはありましたが、「子育て」や「家事」「親戚付き合い」と、力を注いで来ました。

ふと自分の人生を考えてみたら、「このままでいいのだろうか?」と何をするべきなのか、沢山の迷いがあることに気が付きました。
昔の出来事も沢山思い出し、自分でも苦しくなります。

ダメだと思っても、ついついイヤミなことを発言してしまいます。
冷静に考えて、決して夫と別れようとは思っていません。
自分が情けないのですが、どうすることも出来ません。

●鈴木あけみのカップルデトックス

25年間、夫婦仲良くして来たのは素晴らしいことです。
実際にそうできている夫婦は、少ないと思います。
夫婦の阿吽の呼吸みたいなものがあり、安心感さえ感じさせて貰えます。

もしかしたら、妻は子どもたちの手が離れ「鳥の巣症候群」か年齢的に「更年期障害」の症状かも知れません。
一度、婦人科を受診することをお勧めします。

夫への不満がないのに、特別になぜそういった発言をしてしまうのか、ご自分でも分からないと、何度も言うことが気になりました。
クリニックで解決出来なければ、一度セラピストなどの心理テストを受けて、深層心理を確認するのもいいかも知れません。

せっかく築いて来た夫婦関係を壊さないために、自己暗示や瞑想、または「止める！」と紙に書いて見えるところに貼っておくなど、簡単にできる自己改善法を提案し、元の優しい妻に戻るように、イヤミ発言は止めるように約束をしていただきました。

夫は、それさえなくなれば、何も他に望むことはないと安心しました。

［事例９］１００倍返しされるから怖くて何も言えない夫

◆家族構成とご夫婦の状況

※夫　32歳　会社員
※妻　38歳　契約社員
※子ども　ナシ
※結婚　２年

〈夫の言い分〉管理も厳しく気持ちが沈んでしまう

妻ははっきり言う性格です。

僕が気に入らないことを言うと、１００倍にもなって返ってきます。

食事をお願いしたら「自分は何もしてないくせに、文句言わないで」と言われたり、「もっと早く帰ってこようと思わないのが不思議」とか、否定的なことばかり言います。

機嫌が悪いと態度が荒っぽくなって、ドアや引き出しなど思いっきり閉めたりします。

それに自分の話ばかりで、僕の話を聞こうともしてくれません。

スマホやお金の管理も厳しく自由にできなく、最近だんだんと気持ちが沈みます。

もう、無理なら無理でいいと思っています。

〈妻の言い分〉察して欲しかった

自分にも、悪いところはあると思っています。

帰宅のことや、お金のことをなかなかはっきりと言ってくれなくて、ついイライラしてしまいます。

寝室で一緒に2人で寝たいと思うけれど、避けられているという感じです。

どうしていいのか、分かりませんでした。

私の仕事は忙しくなったことを伝えたので、もっと協力してくれて、付き合っているる時のように優しくしてくれると思っていました。

しかし、期待しても無理なのかな、と最近は思っています。

私は夫に優しくして欲しいし、自分にもっと気持ちを伝えて欲しいと願います。

●鈴木あけみのカップルデトックス

「察して欲しい妻」VS「言うのが怖い夫」ですね。

結婚2年ということもあり、恋愛期間の延長の意識が強いです。

結婚したのですから、お互いに夫・妻の役割を果たしていきましょう。

妻には「言って」と言っても、言ってくれるものではないので、言いやすい関係や状況を作ってあげましょう。

怖いと思われたら、言うべきことも言えません。

働く妻の悪いところは、忙しくて疲れてしまい自分の時間が持てないので、機嫌が悪いことです。

それが嫌で、男性は家に帰りたくなくなります。

やがて浮気に走ってしまうことも、珍しくはありません。

まして6歳年上の妻と結婚したご主人は、妻に強さや厳しさを求めているのではなく、優しさや余裕のある寛大さを期待してのことだと思います。

夫を笑顔にしてあげるように、努力してください。

妻には話を聞こうとする姿勢が大事だと理解していただきました。

夫には、「自分の中で結論を出す前に、キチンと言葉で気持ちや不満を伝えてください」「妻が年上でも、貴男が家長としての自覚を持ってください」、ともアドバイスしました。

夫は元の優しい妻に戻ってくれるなら、今後も頑張っていきたいと言っていました。めでたしめでたし、です。

【事例10】子どもの躾や教育方針が合わなく喧嘩ばかり

◆家族構成とご夫婦の状況

※夫　40歳　会社経営
※妻　36歳　仕事ナシ
※子ども　4歳
※結婚　6年

〈夫の言い分〉もっといろいろ夫婦で共有したい

妻を見ていて、子どもを可愛がることは良いことだと思うけれど、物事の良し悪しをキチンと伝えていないと感じています。

先日、子どもを連れて公園に入ったところ、滑り台に逆から登るし、遊具は順番を守らないというわが子の姿に驚きました。

幼稚園や小学校への受験などの夫婦の意見が合わず、喧嘩になることは多いです。

喧嘩になった後は、最低1週間くらい無視をされます。

子どもにも悪影響があるように感じており、心が痛みます。

食事や生活などのことを、もっと共有できたらいいと思っています。

そのために、何をすればいいでしょうか？


〈妻の言い分〉子育てに疲れ、孤独感を感じる

子どもは、割と体が大きく、気が強い性格です。

一緒に公園に行き、数時間過ごすだけで大変な毎日です。

自分には、子どもをこう育てたいという理想がありますが、夫の気持ちとは隔たりがあるように感じています。

自分自身の子育ての理想を我慢して溜め込んでしまい、孤独感を感じています。

これではダメだと思っています。

何とか、仲良く夫婦でやって行けるようにしたいと思っています。

●鈴木あけみのカップルデトックス

詳しくお話を聞いていると、生活時間のずれがあり、あまり顔を合わせることが少ないと感じます。

そのために、「コミュニケーション＝夫婦のすり合わせ」ができていません。

妻には生活の時間配分を見直して、夜ご主人と話をする時間を、もっと作ってくださいとお願いしました。

お互いに思っていることを少しずつ擦り合わせていきながら、折れるところは折れる、そして教育方針など、共通認識をもたないと子どもに悪影響が出ることも理解してもらいました。

夫への感謝や労いを忘れず、要望などは自分で解決しないで、夫を無視せず、夫からアドバイスや助言を受けるようにしてくださいと伝えました。
夫には、妻への否定や注意だけではなく、子育てや家事への感謝をひとことでもいいので言うように、お伝えしました。

二人とも実行すると、約束をしてくれました。

お子さんの躾や教育だけではなく、夫婦の気持ちが離れていたことが、喧嘩の大きな原因でした。

まずは、夫婦の溝を埋めていくことが大事です。
夫婦の溝を埋めることで、いろいろなことが改善していく、とアドバイスをして終了しました。

【事例11】過去のことで猛烈にキレる毒妻

◆家族構成とご夫婦の状況

※夫　42歳　会社員
※妻　40歳　会社員
※子ども　8歳　5歳
※結　婚　10年

〈夫の言い分〉うんざりなので離婚したい

お恥ずかしい話、8年前に出来心から浮気をしてしまい、妻にも知られて、その後すぐに終わりました。

誠心誠意謝ったので、妻に許して貰えていると思っていました。

その後は真面目に生活を送って来ましたので、信用もされていると思ってもおかしくないですよね。

　こづかいも言われた通りにしているし、家事や育児も自分なりに協力して来ました。

　でもちょっとしたことが気に入らないと、８年前の浮気のことを持ち出されて強烈にキレられます。

　謝っても何度も言われると、これが一生続くのではやっていけないと思うようになりました。

　過去のことは変えられないので言われてもどうしようもないし、うんざりします。離婚したいと思っていますが、しない解決法があればアドバイスいただきたいです。

〈妻の言い分〉もっと認めて褒めて欲しかった

　子育てと仕事で忙しく、ストレスを感じているのは事実です。

夫とも仲良く生活したいと思っているのですが、たまに過去の浮気のことを思い出し、感情が噴き出してしまいます。

フラッシュバックなのか、ふと思い出して、それをぶつけて喧嘩になるので気を付けようと思っていました。

家事や育児・仕事はきちんとやっているので、もっと認めて褒めて欲しかったのかも知れません。

夫がそんなにそのことを言われるのが嫌だとは分かっていましたが、言葉で言われると、はっきり自分の間違いに気が付きました。

私は離婚したくありません。

●鈴木あけみのカップルデトックス

人間誰だって、嫌なことをされれば、相手が嫌いになります。

夫婦なら、離婚問題に発展するのは明白なことです。

二人とも、自分の気持ちをはっきりと言うご夫婦でしたので、簡潔に提案させていただきました。

◇奥様へ

離婚したくないなら、もう2度と過去の浮気を責めないでください。

もしどうしても出来ないのなら、専門家に診断してもらい、専門の治療を受けてトラウマ・フラッシュバックの改善をしましょう。

◇ご主人へ

奥様への感謝・労いの言葉「○○ありがとう」を、1日1回は必ず伝えましょう。

約束を守らないのであれば、鈴木からダメ出しのメッセージを送りますのでご連絡ください。

ということをお約束いただき、解決しました。

お二人とも、終了時には笑顔で柔和なお顔になっていました。

【事例12】 従順な夫にイライラが止まらない毒妻

◆家族構成とご夫婦の状況

※夫　34歳　会社員
※妻　32歳　会社員
※子ども　1歳
※結　婚　3年

〈夫の言い分〉 **妻の言う通りにやっておけば怒られない**

妻に言われた通り、できる限り家事や育児に協力しているつもりです。

しかし、結婚以来どんどん妻が冷たくなるし、突き放したような言い方をしてくるので、一緒にいても家庭で休まることができないし、とても辛いです。

妻が、なぜ自分に対してイライラするのか分かりません。

妻に質問をすると、さらに機嫌が悪くなりますので、どうしようもありません。

つい最近、休日の際に1日中何も話して貰えなくて、本当に辛かったです。

このままでは夫婦として続かない……、続けられないのではと、不安でいっぱいになります。


〈妻の言い分〉自分の意思がないの？　と感じてしまう

夫が家事や育児に協力的なのは分かっています。

私の言う通りに、黙って何でもやってくれます。

あまりにも言いなりにやってくれているので、自分の考えはないのかと感じるようになってしまいました。

夫自身がやりたくてやっているのではなく、怒らせたくないからやっているのだと感じると、ますます腹立たしくなってしまいます。

この頃は、「何食べる？」と聞いても「何でもいい」としか言わないし、「休みにどこ行く？」と聞いても「どこでもいい」などと返事が返ってくると、とてもイライラしていました。

自分にすべてまかせっきり？　なのかと思ってしまいます。

自分の考えや希望を、キチンと言って欲しいです。

もっと頼りがいのある夫に、なって欲しいと思っています。

●鈴木あけみのカップルデトックス

双方のお話を聞いていると、夫は妻に気を遣い、言う通りにしていれば間違いないと考えていて、妻は、いろいろやってくれていますが、自分の意思をもっと表現して欲しいと思っているので、解決は簡単です。

女性は優しすぎる夫には、「いじわる」的な行動をしてしまうことがあります。

たぶん奥様の行動はこれです。

夫として、男性らしい毅然とした態度や、リーダーシップを発揮しましょう。

嫌なことは嫌、ダメなことはダメ、間違っている、とはっきり言うことが大事です。

そして、自分の意見も率直に伝えるようにしてください。

妻のアイディアや提案が良いのであれば、「良いと思うよ、ありがとう」と、はっきりと自分の考えを伝えましょう。

そうすれば、奥様のイライラがなくなります。

共働きでお忙しいと思いますが、生活スタイル・家事・育児のことなどは、もっと夫婦間での擦り合わせが必要です。

週１日でもいいので、曜日を決めて夫婦の時間を作りましょう。

お互いに、感謝や労いの言葉を忘れずに掛け合いましょう。

というアドバイスをして、双方納得してくださいました。

その後、「上手くいってます」という報告もいただきました。

【事例13】浮気夫のクズ行動が辛く、苦しい

◆家族構成とご夫婦の状況

※夫　35歳　会社員
※妻　34歳　会社員
※子ども　妊娠中
※結婚　4年

〈夫の言い分〉寂しくて結婚した意味が分からない

妻は忙しく、あまり早く帰って来ません。

仕事も家事もしているのを見ると、当たり前のことをしてくれているのに、夫婦としての距離感を感じてしまいます。

夫婦になって、もっと仲良く暮らしたかったのですが、今はそれができていない

と思います。

自分は、もっともっと妻と一緒の時間を過ごしたかったのに、それができなくて辛かったです。

今やっと、妻が自分の話に耳を傾けてくれるようになったので、落ち着いた気持ちで暮らしてはいます。

離婚に関しては成り行きだと思っているので、妻が嫌なら離婚しても仕方がないと思ってます。

〈妻の言い分〉浮気の話は止めて欲しい

夫に寂しい思いをさせてしまい、悪かったと思っています。

仕事で重要なポジションになってしまい、家庭に対して、自分ももっと目を向けるべきだったのですが、どうにもなりませんでした。

そんな時に、ふと見てしまった夫のスマホで、浮気が分かりました。

問い質したところ、素直に認めてくれたのですが、毎日浮気相手の女性との会話や、その方を褒めるような話ばかりするようになりました。

浮気は私が至らなかった点もあったと思うので、許す気持ちになってはいますが、毎日聞かされることに、耐え難い気持ちになります。

どうにかして欲しいです。

●鈴木あけみのカップルデトックス

今回は、以下のようにアドバイスをさせていただきました。

◇ご主人へ

浮気は不貞行為と言って、法的にも問題がある行為です。今すぐやめてください。いくら奥様が浮気を許すと言っても、そのことをペラペラ話すのは人として間違っています。

浮気にもマナーがあります。聞かされている人の気持ちを考えたことありますか?

その行動もやめてください。

子どものためにも、真摯に奥様に向き合ってください。

家事をするとか、妊娠中の体を気遣うとか、できますよね。

そもそも、共働きを二人で話し合って合意したのでしたら、ご主人はもっと奥様の仕事に理解を示してあげるべきだと思います。

離婚は成り行きなんて言っていないで、結婚時の誓いを忘れずに家庭を守ってくださいね。

◇奥様へ

ご主人が寂しがりやなので、そのことを頭に入れて、仕事や家庭の配分をし直しましょう。

ご主人の話が嫌なら、「聞きたくないからやめて」とはっきり言いましょう。

夫はとても恥ずかしそうな顔をしていました。

それぞれ、理解していただきました。

【事例14】 我が強く何もしない妻にうんざり

◆家族構成とご夫婦の状況

※夫　49歳　会社役員
※妻　50歳　仕事ナシ
※子ども　24歳　22歳
※結　婚　27年

〈夫の言い分〉 要求に応えてくれない

妻に何か頼んでも、常に「イヤ！」「無理！」と言われます。

自分は家族のために一生懸命仕事をしているので、少しは思いやりを持って欲しいと思います。

実家に帰ることや、親との食事、家計の管理、小さいことではYシャツのアイロ

ンも拒否されてしまい、アイロンをかけて貰えません。

とても理不尽さを感じます。

子どもが大きくなって手が掛かることもないと思うのですが、我が強いところがあって、絶対に私の要求に応えてくれませんし、気分良くさせてくれません。

早く帰っても怒るし、遅く帰っても怒るし、どうすればいいのか分かりません。

妻に、気を遣わない自由な生活がしたいと、最近思うようになってきました。

厳しいことを言えば、妻の役割や存在は、自分が許容するべきなのか疑問を感じることもあります。

今さらですが、妻には離婚できるように自立して欲しいと思っています。

〈妻の言い分〉夫に甘えていました

結婚以来、夫が優しかったので甘えてしまっていました。

考えてみればずっと好きなようにしてきたので、何をするべきか分かりません。
私は、家事や人付き合いが、上手な方ではないと思っています。
自分でもすぐ否定することや文句を言うことは、良くないことだと感じていました。
思ってもいないことが、つい口から出てしまいます。
夫と生涯一緒にいたいので、何とか元の夫に戻って欲しいと思っています。
アドバイスをお願いいたします。

●鈴木あけみのカップルデトックス

27年という長きにわたって、夫婦で生活を積み重ねてこられたことは、とても素晴らしいですね。

しかし、その夫婦としてのキャリアに対して、妻としての実力が低いと感じます。

夫の年収が高く、働かなくても豊かな生活をしてきたことへの感謝や思いやり・優しさが欠けているように思いますので、それを身につけることをお勧めします。子どもに手が掛からなくなって独立した後でそのような態度だと、ご主人のお荷物でしかなくなります。

妻のことが、大切で一緒にいたいと思われるような、働きをしましょう。

世の中の厳しさを知るために、一度パートなどに出て働いてみるのもいいでしょう。

家庭の中での自分の役割を、改めて考えてみてもよろしいかと思います。

夫は妻に対してすっかり諦めている可能性もありますが、最後のチャンスを与えるつもりで、しばらく見守ってください。

６ケ月経っても何も変化がなければ、もう一度この機会を持ちましょう。

以上の提案・アドバイスを了承していただき、終了しました。

［事例15］妻のせいで夜安心して眠れない

◆家族構成とご夫婦の状況

※夫　52歳　自営業
※妻　49歳　夫の手伝い
※子ども　ナシ
※結　婚　20年

〈夫の言い分〉妻の行動に困惑

今さらだと思いますが、妻の行動を見ていて困惑してしまいます。

バスや電車、食事に入ったお店でも、どこでも隣の人にすぐ話しかけて仲良くなってしまいます。

そこまではいいのですが、お金を貸したり、知り合った人が家に泊まりに来るこ

とが多くて困っています。

家でゆっくりしたいのに、家に知らない人がいるとびっくりしますし、落ちつかなくて夜も眠れません。

この先は、もうやめて欲しいと思っています。

もしやめてくれないなら、別居して実家に帰って生活したいと考えています。


〈妻の言い分〉人が大好きなので止められない

知らない人でも、つい口から言葉が出てしまい、話しかけてしまいます。

先のことを深く考えずに、他人と話をしています。

ひどい目にあったことも何度かありますが、ほとんどは良い人でした。

子どもがいないせいか、寂しさがあるのかも知れません。

人と関わることが大好きだから、衝動が止められない可能性もあります。

主人がそこまで嫌だったということは、初めて知りました。

別居はしたくないので、良い知恵をいただきたいです。

●鈴木あけみのカップルデトックス

気さくで人の好いご夫婦だということが、雰囲気からもお話からも感じられました。

しかし、夫は妻の想像以上に他人を家に泊まらせることに対して難色を示しています。

妻が知り合った人を「夫の許可なく泊めないというルール」を作り、それを守るように約束していただきました。

そして妻が気持ちを持て余さないように、地域のボランティアやサークル活動に参加して、地域での知り合いや活動の実績を作っていくことをお勧めしました。絶対にそこで居場所を作れるはずです。

仕事を畳んだ後や老後の生き方について、今からご夫婦で同じ目標や価値観を持てるように、他人ではなくお互いのパートナーに向き合ってくださいともお伝えしました。

夫は、将来について真剣に妻と話し合いたかったので、良い機会になりましたと言って帰っていきました。

【事例16】 家に居場所がなく、帰りたくない

◆家族構成とご夫婦の状況

※夫　　42歳　団体職員
※妻　　40歳　会社員
※子ども　4歳　2歳
※結　婚　6年

〈夫の言い分〉何をしても文句を言われる

家に帰っても、妻が子どもとの生活を優先しているので、ほとんど顔を合わせることはありません。

たまに早く帰ると、妻が子どもを怒鳴っていて、見ていると辛くなります。やんわりと注意しても、「あなたは何もしないのだから、口を出さないで」と言

われ、取り合ってくれません。

食事も子ども用に作ったものばかりで、食が進まないこともあります。

妻は子どもと３人で早い時間に寝ているので、自分がテレビやパソコンを見ていると「うるさいから、やめて！」と言ってきます。

家にいても楽しめないし、リラックスもできません。

ちょっと飲みに行って、遅くなると文句を言われて、ますます家に帰りたくなくなります。

家族のために働いている理由が分からなくなってきました。

改善するか、離婚するか、決めて欲しいです。

〈妻の言い分〉夫の不満に気づけなかった

夫の態度が変だなと、感じたのは６ケ月ほど前からです。

冷たくそっけなくて、話しかけても話が弾みません。
避けられている感じもありました。
何か悩んでいることがあるかもと気になってはいました。
しかし、何も言ってくれなかったので分かりませんでした。

何も言わず、一生懸命働いてくれている夫には、感謝しています。
2人の子どものためにも離婚はしたくありません。
今後も、仲良くやっていきたいと思ってます。
改善点を言ってください。

●鈴木あけみのカップルデトックス

子どもを産んだ妻が、夫よりも子どもを優先にしてしまい、そのために不満が溜まって夫婦のトラブルになるケースはよくあります。

お二人も、まさにそのケースですね。

夫婦で顔を合わせる時間を作るために、生活時間の配分を見直すことをお勧めします。

幼い子どもを育てながら、フルタイム勤務でのお仕事をするのは、とても大変なことです。

お二人の収入を合算するとそれなりの高収入ですので、家事やお子様の送り迎えなどは外注することをお勧めします。

妻には、精神的、物理的な余裕、そして時間の余裕を持つように、努力や工夫をしましょう、とアドバイスしました。

そこの改善ができれば、自然と夫にも優しくできるようになります。

常に心や時間・体力に余裕を持っているか、意識して生活してください。

妻はその方向でやってみますと了承してくれたので、夫も安心していました。

【事例17】 在宅勤務になり、夫婦関係が最悪に

◆家族構成とご夫婦の状況

※夫　44歳　会社員
※妻　37歳　自営
※子ども　ナシ
※結　婚　5年

〈夫の言い分〉文句を言われ、仕事に集中できない

在宅勤務・リモート勤務になり、夫婦の関係性が悪化しました。

妻はもともと自営のフリーなので、家で仕事をしていました。

そこで私も仕事することになり、住まいが狭いために、一緒に同じ部屋で仕事することになりました。

数週間が過ぎると、妻から「声が大きい」「邪魔なんだけど～」「部屋の出入りは静かにやって」などと、文句を言われることが多くなりました。

こちらはストレスが溜まり、仕事に集中することができなくなりました。

一日中一緒にいるのに、妻はお昼ご飯などは自分のことしかやらなくなってしまい、とても悲しくなります。

仕事が終了しても、お互いに何も話さなくなり、現在はコミュニケーションゼロです。

今後、どうしたらいいのか、アドバイスをいただきたいです。

〈妻の言い分〉自分のことは自分で！

こんなに長時間一緒にいて、常に声を聴き、姿を見ていると、今までとは

違う気持ちになって来ました。

今までは、一人だけの静かな環境で仕事をしてきたので、未だに慣れなくてイライラしてしまいます。

「自分のことくらい、自分でやって！」という気持ちです。

ランチの時間はまちまちなので合わせていられませんでした。

もちろん、離婚はしたくありません。

●鈴木あけみのカップルデトックス

どのような夫婦でも一緒にいる時間が長くなり過ぎると、関係性が悪くなります。

可能でしたら、もっと広くて部屋数がある住居に引っ越し、それぞれに仕事部屋を持つようにするのはいかがでしょうか？

今後もご主人のお仕事の在宅勤務が続くのでしたら、ぜひ行動に移してください。

それまではパーテーションなどを使って、それぞれの場所が独立して姿が見えないような工夫してみたらどうでしょうか？

そしてランチのルールを、例えばですが、次のように決めてください。

「お昼ご飯は各自で食べるのか」「誰が作るのか」「曜日で決める」「順番にやる」「週１くらいは宅配にする」などです。

話し声はできるだけ小さくするなど、「お互い気を付けようね」と些細なことでも声掛けをしたり、共通認識を持つことで気持ちが和らぎます。

以上のようにお伝えし、お二人に納得していただいて終了しました。

【事例17】セックスに応じない夫に不満

◆家族構成とご夫婦の状況

※夫　39歳　会社員
※妻　38歳　パート社員
※子ども　8歳
※結婚　10年

〈夫の言い分〉努力をしているが、どうすることも出来ません

気持ちが乗らないセックスは、気持ちいいものではなく、むしろキツイです。

特に、妻から「そろそろお願い」的な合図を出されても、それに応じることは難しいです。

数年前から自分でも悩んでいて、運動したりサプリメントを飲んだりしているけれど、調子がよくありません。

妻の顔が浮かぶと怖くなって、同じ部屋で寝るのも嫌になって来ました。

妻がそれを望んでいるのは知っていますが、どうすることもできません。

妻に理解を望みます。

それが無理なら、離婚も仕方がないと思っています。

〈妻の言い分〉何をしても満たされません

そんなにセックスがキツく、できないとは思っていませんでした。

夫婦なので、それがあって当たり前だと思っていました。

女性として見られていないとか、私の何が不満なのか、いろいろなことが頭に浮かんで来て自分を責めてしまい、何をしても満たされません。

もっともっと夫がセックスすることに努力したり、私を気にかけてくれていたら許せたのかも知れません。

今後のことは、これからじっくり考えてみたいです。

●鈴木あけみのカップルデトックス

お若いのにそのような問題を抱えているのはお気の毒です。

奥様はセックス自体ではなくご主人の行動に疑問を感じているようです。

ご主人は、最大の努力をしましょう。

あらゆることをされてもセックスをできないことが現実なのか、はっきりさせてください。

そうでないと妻がどのような結論を出しても、後悔すると思います。

セックスレスでも、夫婦がお互いに納得しているのでしたら、何の問題もありません。

それでも、夫婦仲良く暮らしているカップルは、たくさんいます。

まずは夫婦の絆や信頼関係を築くために、お互いに褒め合い、そして「ありがとう」を言い合ってみてください。

以上のように、提案・アドバイスをしました。

今後は「２人で腹を割って話し合っていきます」と、二人とも穏やかな顔で、帰っていきました。

パート【2】

妻からのカップルデトックス相談

【事例1】 夫と共に成長しなかった妻

◆家族構成とご夫婦の状況

※夫　51歳　会社員
※妻　48歳　パート
※子ども　21歳　18歳
※結婚　24年

妻からの相談内容

現在、夫とは月の半分しか、同居していません。
夫は「家には居場所がない」と言います。
帰宅した時は、会話も返事もありません。
私への不満が一気に噴き出し、いろいろ文句を言われました。
同居の子どもたちと夫との関係が、良くありません。
夫は頭がいいし、行動力もあり、今は立派になっています。
自分は痩せてしまい、うつ病のようです。
どうしたら、いいのでしょうか？

●鈴木あけみのカップルデトックス

結婚24年も経っているのに残念ですね。

夫が立派になったというのに、妻の認識や行動が若いままだと感じます。

今までのコミュニケーションに問題があったか、ご主人の成長やステップアップに付いていけなかったからではないでしょうか?

若い年齢からお付き合いを始め結婚したカップルに、よくあるケースです。


今からでも遅くないので、ご主人への甘えをなくして、自立しましょう。

そして、夫の不満が本当なら、その改善をする必要があります。

夫と子どもたちとの関係について悩んでいるようですが、妻の養育方針に問題があった可能性があります。

子育ての専門家に相談してみるのもいいでしょう。

まずは、病気からの脱却に努め、元気になって精神が安定することを目指しましょう。

【事例2】夫から「モラハラを3年前から我慢していた」と言われた妻

◆家族構成とご夫婦の状況

※夫　33歳　会社員
※妻　32歳　派遣社員
※子ども　5歳
※結　婚　8年

妻からの相談内容

喧嘩をしたことで、私が「離婚してもいいよ！」と、言ってしまいました。
今までは折れていてくれた夫が急に冷たくなり、家に帰って来なくなりました。
その後「離婚届にサインしろ」と迫ってきます。

さらに「家を出て行く！」とも言われました。
理由は、「私のモラハラに、もう3年も我慢してきた」とのことです。
離婚したくないと伝えたら、週末だけ帰ってもいいと、言われました。
離婚したくありません。これからどうしたらいいでしょうか。

●鈴木あけみのカップルデトックス

貴女の素直ではない物言い、妻としての力の無さが招いた結果です。
第一優先は、ご自分の改善と向上です。
夫の言葉から、妻に大きく失望し、怒りが湧いていると察しが付きます。
しばらく話し合いはせず、そっとしてあげながら、ご自分の改善に集中してください。
夫にとって、居心地の良い家庭を提供できれば、気持ちも変わる可能性があります。
信用されるまで、やり続けてください。

［事例3］愛情を求める若い夫から「もう女性として見られない」

◆家族構成とご夫婦の状況

※夫　28歳　公務員
※妻　33歳　会社員
※子ども　3歳
※結　婚　4年

妻からの相談内容

先月、夫から「君のことを女性として見れなくなった、もう好きじゃない」と言われて驚きました。

そのような気持ちなので、離婚を前提に実家に帰って欲しいとも言われ、どうしていいか分かりません。

また夫は、「自分はほめて欲しいので、ほめてくれる若い女性と浮気する」ようなことを、ほのめかしたりします。

私はいつも不機嫌で、夫に対して優しくなかったと反省しています。

子どもが産まれる前は仲良くやっていて、家族や夫婦としてそんなに悪くなかったと思いますが、男女としてはまったく上手くいきませんでした。

離婚したくないので、どうすれば良いでしょうか？

●鈴木あけみのカップルデトックス

結婚は「男女の恋愛感情を満たす場所ではない」のです。

家族としてはうまくいくなら、この先も続けていけるはずです。

ですが、夫は愛情にとても飢えている状況だと、お見受けします。

若い夫婦が、結婚後すぐに子どもができて、子どもに妻の愛情を取られたという不満があったのでしょう。

そして、忙しさからくる妻の不機嫌さが加わって、夫はすごく寂しく辛かったのです。


それを理解し、子ども優先ではなく、夫を満足させる生活をしてください。

夫の怒りが強い時は、接触や会話はせず距離感のある生活をしましょう。

挨拶と共に、ひと言でいいので、夫を気遣うような言葉、例えば「無理しないでね」「いつもありがとう」などを、加えてみてください。

【事例4】妻の親との同居、夫は「我慢の限界」

◆家族構成とご夫婦の状況

※夫　35歳　会社員
※妻　37歳　契約社員
※子ども　4歳
※結婚　6年

妻からの相談内容

夫から「我慢の限界なので、別居したい」と言われました。
私の両親と同居していて、私は父親の介護をしています。

そのため、夫には夕食は一人で食べて貰っていました。

親のことばかりで、夫には気を遣っていませんでした。

もともと夫の気持ちを上手にくみ取ることができず、怒らせてしまうことが多かったです。

別居したいと言われてから、完全に無視されています。

先日は食事もいらないし、洗濯もしなくていいと言って来ました。

どうすれば、別居しないで済むような関係で、いることができるでしょうか？

●鈴木あけみのカップルデトックス

妻の両親と同居している夫は、ほとんどの場合、我慢を強いられて肩身の狭い思いをしています。

この場合も同様です。

同居している妻の母親はまだ若いので、介護は妻の母親に任せて、妻としてはもっと夫に向き合うことができたハズです。
今からでも早急に生活や分担を見直して改善してください。
妻として実家から自立して、家族だけで別居することも考えてください。
夫が無視しても、挨拶はきちんとしましょう。
食事や洗濯も恩着せがましくではなくて、さらっとやってあげましょう。
「やらないで」を真に受けると、何もすることが無くなり、離婚になってしまいます。
話し合いや会話はせず、ご主人と距離をとって、しばらく生活を続けてください。
気持ちを汲み取る勉強をして、スキルを身につける努力が必要です。
頑張ってください。

【事例5】 夫の酒量を減らして貰いたい妻

◆家族構成とご夫婦の状況

※夫　40歳　会社員
※妻　38歳　公務員
※子ども　3歳
※結　婚　5年

妻からの相談内容

夫の酒量が多くて、耐えられません。
お酒のせいで体調を崩し、入院してしまうこともありました。
「お酒を控えて欲しい」と伝えても改善してくれません。

お酒のことを口うるさく言ったせいで、今は無視されています。

どうすれば、聞き入れて貰えるのでしょうか？

●鈴木あけみのカップルデトックス

妻はお酒を飲まないので、飲む人の気持ちを理解できないかも知れませんね。

夫がなぜそんなにお酒を飲むのか、その理由をじっくり聞いてみてあげてはいかがでしょうか？

ただ「お酒を控えて」と言われるだけでは、言われた方は納得できずに反発するだけと思います。

○○依存症の方は、そうなってしまう理由が必ずあります。
その理由を知り、一緒に治療や更生を目指す道を探してください。
そして、言い方も工夫してみてください。
上からの偉そうな物言いでは、言っても聞いて貰えません。
優しさや配慮をもって、可愛くおねだりする感じで伝えましょう。
できない！　と思わず、やってみてください。

パート【3】

夫からのカップルデトックス相談

【事例1】夫の連れ子を受け入れられない妻

◆家族構成とご夫婦の状況

※夫　36歳　会社員
※妻　30歳　パート
※子ども　2歳（夫の連れ子）
※結婚　1年

夫からの相談内容

自分に連れ子がいることを理解した上で、妻は結婚してくれました。

しかし、最近になって「子どもを元の妻に返して欲しい」と言い出しました。

話し合いをしても、妻はかたくなに「離婚」の一点張りです。

結婚前は本当の親子でなくても上手くいく、と思っていました。

しかし、妻はやはり感情的に無理があったと訴えてきます。

子どもを実家の親に預けることしかできませんが、それでは解決になりません。

どうしたらいいのでしょうか？

●鈴木あけみのカップルデトックス

妻の気持ちは、よく理解できます。

結婚で環境が変わっただけではなく、夫の連れ子の親として育てていくことは、想像以上に大変なことだと思います。

妻も最初は出来ると思ったのは間違いないと思います。

しかし、日々の生活の中で自分の気持ちに限界を感じてしまったのでしょう。妻の発言通り、子どもを元の妻に託すことができるのなら、夫婦としては継続できるでしょう。

もうこれ以上、子どもの面倒を見るのは無理で酷なことだと思います。それでも心変わりした妻に無理なお願いをして、このままの生活を続けるのか、子どものメンタルや将来を考えて離婚するのかは、夫として、そして父親としての価値観にかかっていると思います。

自分を優先するのか、子どもを大切に思うのか、どちらかは貴男が決めることです。

【事例2】妻が不倫、子どもと別れたくないので前の関係に戻りたい

◆家族構成とご夫婦の状況

※夫　36歳　公務員
※妻　30歳　契約社員
※子ども　3歳
※結　婚　4年

夫からの相談内容

喧嘩をしたら「離婚したい」と妻から言われましたが、やり直すことになり現在は普通に生活しています。

妻は過去に不倫をしたり、不倫未満の行動もあり信用できません。

しかし、子どもとは別れたくないので、以前のような関係に戻りたいのですが、

妻が開き直っているような態度で困っています。

妻の態度を変えるには、どうすればいいのでしょうか？

●鈴木あけみのカップルデトックス

奥様が不倫をしても許し、普通に生活している夫はある意味素晴らしいです。

開き直っているような態度も過去の不倫も、妻が夫に対して不満を持っているからではないかと思います。

夫として甘く見られています。

もしかしたら、夫が優しすぎて、男らしさを失っているのかもしれません。

妻との良い関係を作っていきたいのなら、遠慮せずに「ダメ！」「イヤ！」「間違っている！」と、はっきり伝えましょう。

夫としての男らしさや誠実さが伝われば、妻も反省してくれると思います。

【事例３】プライドが高い妻とどうやっていったら良いのか

◆家族構成とご夫婦の状況

※夫　　49歳　会社員
※妻　　47歳　パート
※子ども　8歳　6歳
※結　婚　11年

夫からの相談内容

妻は先月までは普通でしたが、最近またとげとげしくなって「離婚してください」と言われました。

自分も、かなりの我慢をしていると思います。

生活は子ども中心で、子どもが休みだと朝ご飯も作らないし、起きることもないです。

機嫌が悪いと夕食も無し、です。

ですが、お金だけは要求してきます。

「もっと旅行に連れていけ」「高級なレストランで外食がしたい」「友人に会うための洋服が必要」と、遠慮なく言って来ます。

それに応えないともっと態度が悪くなるので、どうしたらいいのか分かりません。

●鈴木あけみのカップルデトックス

10年間、夫婦のコミュニケーションがとれていなかったようですね。

夫は立派に仕事をしていて、収入もそれなりにあります。

もっと毅然として「ダメなことはダメ！」「○○をやって欲しい！」と妻に伝え

る必要があります。

言われないから不満はない、と思われています。

また、離婚に対しては「雨降って地固まる」という作戦があります。

「離婚はいいけど、自分で自立出来る見通しはあるの？」と妻に、夫のお金を当てにしないように、やんわり伝えるのもひとつの方法です。

その答えで、妻の覚悟や本気度が分かります。

激怒する可能性はありますが、夫、そして今の生活にありがたみを感じて反省するかもしれません。

自分中心の妻が主人で、夫が家来というこの縦関係をこの先も続けるのですか？

妻を怒らせたくないだけなら、言いなりの生活を続けるしかありませんが……。

夫婦の関係を変えたいなら、夫がもっと男らしく、リーダーシップのある言動をしていくことが、大切です。

まずは自分の気持ちに、しっかりと向き合ってください。

おわりに

私がご相談者様に対して、よく贈る言葉がふたつあります。

まず、ひとつが「**負けるが勝ち**」という言葉です。

パートナーに負けたくないという気持ちや、相手が調子に乗るからといって、「感謝」「ねぎらい」「愛情表現」「褒める」「おだてる」などをしない方が、数多くいらっしゃいます。

たとえ、自分が間違っていなくても「ごめんなさい」「すまなかった」と言えば、喧嘩にもなりません。

自分の気持ちは棚に置いて、「〇〇してもらって嬉しい！」「あなたがいるから今の幸せがある」などと、口に出して言ってみてください。

パートナーは、言葉に出さなくても、心の中でとても喜びます。

そんな気持ちを持ってくれているのだと、さらに相手を喜ばせたい気持ちで心が満ち溢れます。

自分は心の中は違っていたとしても**「相手を良い気持ちにさせてこそ、なんぼ！」**です。

その場では負けた振りをしても、**その後は、あなたの勝ちが待っている**のです。それが**「負けるが勝ち」の精神**です。

もうひとつが、**「明るさやユーモアも必要」**という言葉です。

日々イライラしてストレスや悩みを抱えていると、パートナーの言葉をすべて真に受けてしまいます。

「離婚したい」と言われたら、「私たち二人はこれからでしょ！　冗談はやめてよ」って明るく返して欲しいのです。

「もうお前の顔を見たくない」と言われたら、「気が合うね。私も見たくないと思ってたのよ」と、笑顔で返してください。

ちょっと目線を変えて、ユーモアで返すことで深刻な場面にならないようなケースが多々あります。

そのふたつの言葉を頭のどこかにおいて、日々生活して欲しいと思っています。

「カップルデトックス」

この言葉は夫婦修復という意味です。

これは出版プロデューサーのおかのきんやさんが考えてくれた言葉で、それを私に贈ってくださいました。

夫婦修復に、ぴったりの素晴らしい言葉です。

この言葉を私に贈って下さった出版プロデューサーのおかのきんやさん、誠にありがとうございます。

この場を借りて心からお礼を申し上げます。

私のアドバイスで、多くの方のカップルデトックスのお力になれることを願っております。

【著者プロフィール】
鈴木あけみ

約20年間30,000件以上のカップルデトックスを実施し、
そのパイオニアとなり、多くのメディアに出演。
カップルデトックスのための5冊の本を出版済み。

カップルデトックス研究家・鈴木あけみのオフィシャルサイト
https://roombell.com

カップルデトックスカウンセラー養成講座
https://youseikouza.com/

夫婦の不満を解毒する

カップル　デトックス

2023年10月12日　第1刷発行
2023年12月13日　第3刷発行

著　　者　鈴木あけみ
発 行 人　山本洋之
協　　力　おかのきんや（出版プロデューサー）

発 行 所　株式会社創藝社
〒160-0023 東京都新宿区西新宿7-3-10　21山京ビル504号室
電話: 050-3697-3347

印　　刷　中央精版印刷株式会社

デザイン　合同会社スマイルファクトリー
イラスト　あつろう丸（イラストACより）

落丁・乱丁はお取り替えいたします。
※定価はカバーに表示してあります

ISBN978-4-88144-269-2　C0036